FEMINGOS
universo criativo

Despertar Criativo

O caminho para criar
sua própria vida

Fernanda Longoni & Amanda Longoni

Outro Planeta

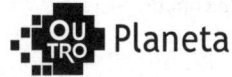

Copyright © Amanda Longoni, 2021
Copyright © Fernanda Longoni, 2021
Copyright © Editora Planeta
do Brasil, 2021
Todos os direitos reservados.

Preparação: Laura Vecchioli
Revisão: Thais Rimkus e
Mariana Cardoso
Projeto gráfico: Marcela Badolatto
Diagramação: Marcela Badolatto e
Vivian Oliveira
Ilustrações: Fernanda Longoni
Capa: Cyla Costa Studio

Dados Internacionais de Catalogação na Publicação (CIP)
Angélica Ilacqua CRB-8/7057

Longoni, Fernanda
  Despertar criativo: o caminho para criar sua própria vida / Fernanda Longoni, Amanda Longoni. -- São Paulo: Planeta, 2021.
  176 p.
  ISBN 978-65-5535-524-6

1. Pensamento criativo 2. Desenvolvimento pessoal I. Título II. Longoni, Amanda

21-3707   CDD 153.3

Índice para catálogo sistemático:
1. Pensamento criativo

MISTO
Papel | Apoiando o manejo
florestal responsável
FSC® C005648

Ao escolher este livro, você está apoiando o
manejo responsável das florestas do mundo,
e outras fontes controladas

2025
Todos os direitos desta edição reservados à
Editora Planeta do Brasil Ltda.
Rua Bela Cintra, 986, 4º andar – Consolação
São Paulo – SP – 01415-002
www.planetadelivros.com.br
faleconosco@editoraplaneta.com.br

PARA O TIO JÔ,
NOSSO AVÔ DE CORAÇÃO,
QUE ESTÁ EM ALGUM LUGAR DA IMENSIDÃO CÓSMICA
ONDE SERVEM, TODAS AS TARDES,
BANANA À MILANESA E MANDIOQUINHA FRITA.

Todos a bordo

1 – A MENTALIDADE CRIATIVA 25
COMO ESTAR ABERTO À CRIATIVIDADE

2 – A COLINA DA INSPIRAÇÃO 39
COMO SE INSPIRAR

3 – COMECE A CRIAR 47
COMO A CRIATIVIDADE FUNCIONA

4 – PREPARANDO SUA BAGAGEM CULTURAL 59
COMO TER NOVAS IDEIAS

5 – O PROCESSO CRIATIVO É UMA JORNADA 73
COMO FUNCIONA UM PROCESSO CRIATIVO

6 – ESTRADA INTERDITADA 89
COMO SUPERAR OS OBSTÁCULOS NO CAMINHO

7 – ESTAÇÃO FINAL 111
COMO FINALIZAR SUA IDEIA

8 – TRILHE SEU PRÓPRIO CAMINHO 125
COMO CRIAR SUA PRÓPRIA VIDA

9 – A ARTE É POLIGLOTA 137
COMO ACHAR SUA LINGUAGEM

10 – VOCÊ NÃO ESTARÁ SOZINHO 147
COMO ENCONTRAR OUTROS CRIATIVOS

A viagem continua...

*E*STE LIVRO
FOI ESCRITO POR
DUAS IRMÃS QUE SAÍRAM
DA ESTRADA PRINCIPAL
PARA CRIAR A
PRÓPRIA VIDA.

*C*ONTAREMOS
MAIS NO CAMINHO.

    Existe um lugar onde tudo é possível. Qualquer coisa pode se tornar realidade, basta explorar o local um pouco e, bom, acreditar. Ninguém sabe exatamente onde fica, mas dizem que é dentro de uma floresta, perto da árvore mais alta. Lá vive um povo acolhedor e colorido: é fácil encontrar meias diferentes em cada pé, penteados exóticos e maquiagens complexas. Cada um dos habitantes veio de um lugar diferente, e, juntos, pintam a mais bela das cenas. Eles vivem em harmonia, inclusive com a natureza.

    Mas não se engane ao achar que isso significa calmaria; é mais para um caos organizado. Os dias costumam ser barulhentos, com madeira sendo cortada e tintas jogadas por todos os lados. Nunca se sabe ao certo o que estão tentando fazer ou aonde querem chegar, mas eles não parecem se importar com isso. Já as noites são melódicas, com música saindo de instrumentos improvisados e todos cansados em volta de fogueiras ou pilhas de comida. Abajures, lanternas, lâmpadas, velas e candelabros que antes povoavam a floresta com seus pequenos pontos de luz agora começam a se apagar, um de cada vez; é mais um dia intenso que termina. Faça chuva ou faça sol, eles estarão lá novamente, construindo, quebrando, modelando e desenhando. Sempre criando.

*Bem-vindos
à Nação Criativa*

TODOS A BORDO

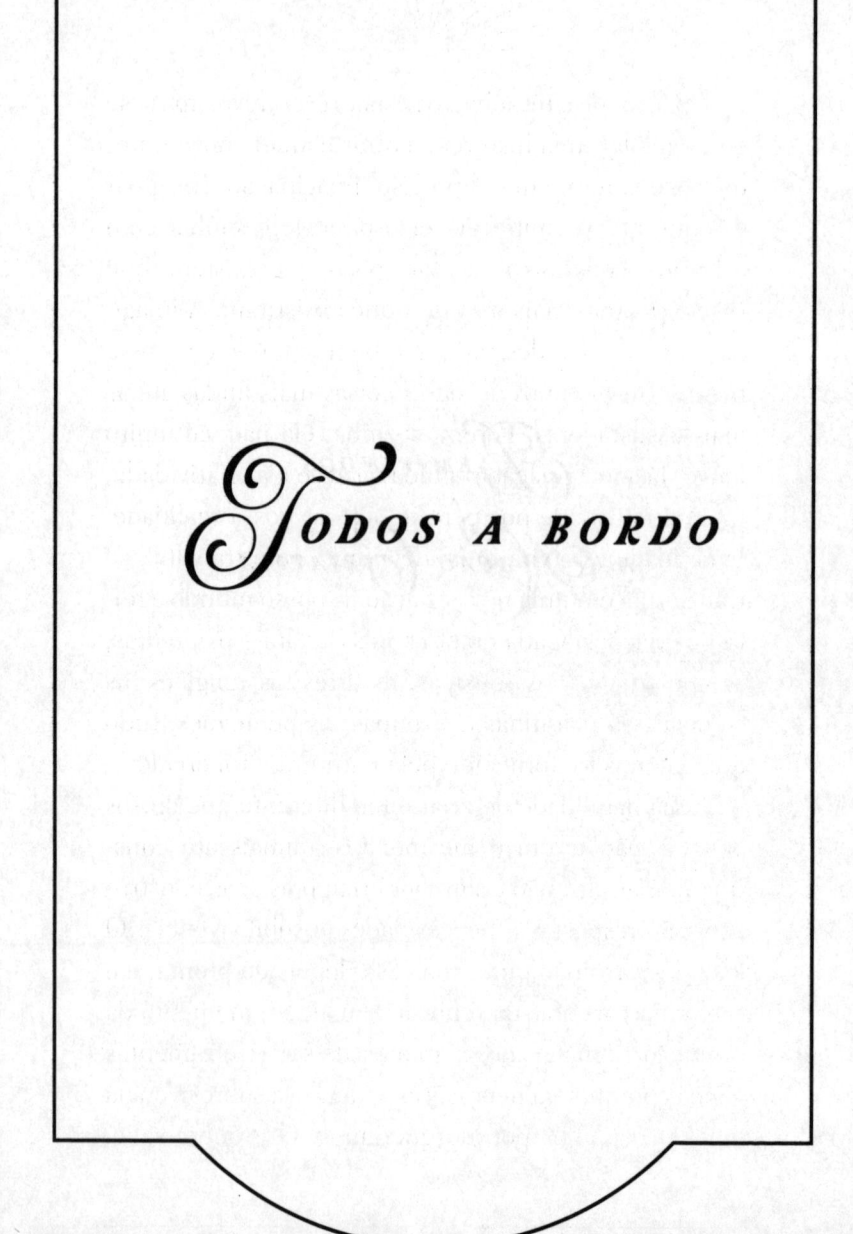

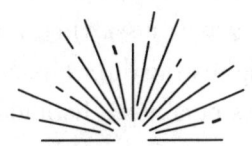

    Você pode até achar que não é criativo, mas, se consegue ler uma história e entrar naquele novo mundo, você já tem o que é preciso: imaginação. Imaginar é o que nos permite reviver o passado e sonhar com o futuro. Podemos imaginar coisas que existem, que já não existem mais ou que nunca existiram. A imaginação constrói e destrói o que bem entende em nossa mente. Imaginamos desde as coisas mais lindas até as mais assustadoras. Porém, sozinha, ela não vai muito longe. Já a imaginação seguida da ação é a criatividade.

    A criatividade nos permite alterar nossa realidade. Uma inspiração vira uma ideia, que, com trabalho, se transforma em uma nova criação. E nosso mundo é feito de criações. Cada objeto à nossa volta – os prédios, as construções, as músicas, as artes, as religiões, as ciências, as máquinas, as roupas, os penteados, tudo que não nos foi fornecido pela natureza – foi criado.

    Essa habilidade de criar é tão diferente que outros animais não fazem o mesmo. Os animais até constroem, mas eles não criam por criar, pois suas construções são respostas à necessidade de sobrevivência. O joão-de-barro não pinta sua casa depois de pronta, e o castor não decora sua represa. Em algum momento da evolução humana, nós paramos de criar ferramentas apenas porque era necessário para nossa sobrevivência e, agora, criamos porque queremos. Ou, quem sabe, criar é de fato uma necessidade humana. Buscamos melhorar e aperfeiçoar nossa vida, porque é isso que sabemos fazer. Alguns vão dizer que nós somos melhores que os animais pela nossa habilidade criativa, mas talvez nós só sejamos mais insatisfeitos. O que nos leva a acreditar que a necessidade de criar vem do espírito humano, é uma busca para preencher um vazio ou simplesmente enfeitar a vida. De toda maneira, é uma resposta da alma.

Se criatividade é uma habilidade dos seres humanos, será que todos nós somos criativos? Antes da sua resposta, primeiro se pergunte: toda criança é criativa? Se você já olhou para uma criança por mais que alguns minutos, sua resposta deve ser "sim". Um galho se transforma em uma varinha, um balde vira tambor e "esse estojo daria um ótimo chapéu se eu conseguisse colar ele na minha cabeça... feito!" (baseado em uma história real do nosso irmão mais novo, que tentou colar o estojo na cabeça bem no dia de cortar o cabelo, o que resultou em um barbeiro bravo e uma criança chorando enquanto seu cabelo cheio de cola era desembaraçado aos trancos). Todos os adultos já foram crianças, então podemos afirmar que todos temos a capacidade de ser criativos. Você tem a criatividade dentro de si, mas ela pode estar adormecida.

A criatividade é uma habilidade e, como qualquer outra, exige prática. Andar, falar, escrever, dançar, desenhar, dirigir e aprender uma nova língua necessita de repetição até conseguirmos fazer com naturalidade. Ser criativo é a mesma coisa. Quando crianças, nós imaginamos mundos sem parar e não pensamos duas vezes antes de começar a criar usando o que encontramos à nossa volta. Isso porque não calculamos quanto tempo vamos demorar, quanto vai custar, quão eficiente vai ser, o que os outros vão pensar nem sequer o porquê de estarmos fazendo aquilo. Criamos porque queremos, porque alimenta nossa imaginação, porque é divertido. Criamos porque é natural.

Nascemos criativos porque essa habilidade é característica da nossa espécie ao ponto de sequer precisar ser ensinada: ela se faz presente antes mesmo de iniciarmos nossa educação. Porque criar é pensar. É um pensar consciente, com intenção. É pensar e ter um resultado. O chamado "pensamento criativo" nada mais é do que nosso pensamento normal, mas com um resultado criativo. Esse resultado pode ser desde uma pintura até um artigo científico. Criar é usar a mente humana em todo seu potencial. Diferente da imaginação, cujos resultados vivem só na mente, a criatividade traz novas coisas para o mundo.

Então crescemos e paramos de criar.

Nós paramos de criar quando aprendemos que a lógica vale mais que a imaginação, que a razão ganha da emoção, que ser inteligente é ser bom em matemática e que o melhor é obedecer. Mesmo sabendo que somos bilhões de pessoas no mundo, acreditamos que devemos ser iguais e passamos a ter medo do diferente. Isso acontece porque somos moldados pela educação que recebemos em nosso desenvolvimento. Somos influenciados por todos à nossa volta: família, amigos, professores e colegas. Observamos tudo o que essas pessoas falam e fazem em busca de aprender mais sobre o mundo e sobre nós mesmos. Além disso, ainda somos afetados por tudo aquilo a que assistimos, o que consumimos e presenciamos.

Nossas escolas são grande parte desse problema. Em vez de incentivar a criatividade, essa habilidade costuma ser podada. Desde muito cedo somos repreendidos por pintar fora da linha e trocar as cores do céu. Passamos horas sentados na sala de aula, quando antes corríamos, pulávamos e dançávamos explorando cada parte do nosso corpo e do universo ao nosso redor. Em um mundo em que tudo é tão relativo (até mesmo o tempo) e nós somos cheios de emoções abstratas, a escola tenta resumir tudo em certo e errado. O grande "x" em caneta vermelha junto de um zero na prova deixa clara a mensagem "você errou e não toleramos erros", justamente quando é errando que se aprende. As provas ignoram as diferentes realidades individuais para avaliar todos de forma objetiva. E, assim, buscando igualdade, o sistema de avaliação numérico acaba por sufocar as individualidades e separar os alunos entre burros e inteligentes, formando pessoas que no futuro vão se achar incapazes e inferiores.

Acabamos esquecendo que todo conhecimento hoje consagrado, tudo que nós temos como verdade, um dia já foi tido como mentira e amanhã pode voltar a ser. Quando Galileu defendeu a teoria de que os planetas poderiam girar em volta do Sol e não da Terra no século 16, ele foi condenado à prisão perpétua (até que foi obrigado a contradizer publicamente o que defendia). E quando o húngaro Ignaz

Semmelweis no século 19 defendeu que os médicos deveriam lavar as mãos antes de fazerem partos para evitar que as gestantes fossem contaminadas e morressem (naquela época as bactérias ainda não tinham sido descobertas), ele foi internado em um hospício. As ciências e as sabedorias estão em constante evolução, e nós precisamos estar preparados não só para aprender, como também para desaprender.

Não, o Sol não gira em torno da Terra e mãos sujas não são a honra de um médico. Uma educação desatualizada pode acabar por fechar nossa mente em vez de abri-la. Quantas vezes somos levados a consumir compulsivamente conteúdo, engolimos os conhecimentos que nos são empurrados goela abaixo em vez de interpretá-los, refletir sobre eles e absorvê-los? Inteligentes foram os gênios do passado que criaram o que existe, hoje cabe a nós apenas aceitar o legado deles e não pensar com nossa própria cabeça.

Então, no fim do dia, acreditamos que todas as verdades já foram ditas e tudo já foi inventado (mesmo com o mundo lá fora estando uma bagunça e precisando de ajuda). Assim se passam doze anos de educação formal. E depois do que parece ser uma vida inteira dentro de quatro paredes, os alunos não têm ideia da realidade que vão encontrar lá fora: a de que não existe apenas uma resposta certa e somos todos muito diferentes. Quando você acertar, não vão te dar uma estrela dourada e você não vai precisar recitar de cabeça a data do início da Revolução Russa. Ou calcular a hipotenusa de um triângulo. Ou explicar com detalhes a reprodução das samambaias.

COMO VIEMOS PARAR AQUI?

Para entender brevemente como chegamos aqui, precisamos saber que o sistema educacional ocidental que prevalece até hoje é fruto da Revolução Industrial. Antes do século 19 não existia o conceito de educação em massa financiada pelos governos. A educação não era ofertada a todos nem tida como direito básico humano. Foi com a disseminação da industrialização e a ascensão da classe média que as escolas públicas começaram a surgir. Mais do que de clareza repentina ou decisão humanitária, o investimento em educação veio de uma demanda econômica. As fábricas exigiam uma força de trabalho diferenciada, e as escolas passaram a representar não só um meio de progresso social, mas também uma forma de disseminar a cultura e os valores da nova classe. Montadas como linhas de produção, as escolas tinham as mesas em fileira uma atrás da outra, de forma que não houvesse distração. Os horários de início e fim das aulas eram marcados por um estridente apito, e o progresso seria calculado numericamente através de testes e relatórios semanais. A educação formal foi estruturada como uma fábrica, e seus valores também. Os objetivos eram a produção, a eficiência e a ordem. Todas aquelas crianças com histórias, sonhos, necessidades e individualidades eram resumidas a números.

A cada dia que passa, ficamos mais distantes do século 20. Mudamos nossas crenças, nossos valores, nossas vestimentas e nosso modo de ser, mas quase não mudamos nossas escolas. Justamente o lugar que deveria nos preparar para a vida adulta e para os desafios globais do futuro. Todos nós deveríamos aprender a lidar com burocracia, economia e tarefas domésticas. Entender nosso sistema político deveria ser básico. Muito trauma poderia ser evitado se aprendêssemos sobre inteligência emocional (no capítulo 3 falaremos mais sobre os tipos de inteligência), sobre como se relacionar de forma saudável e sobre a importância da saúde mental. Teatro poderia ser uma ferramenta para ensinar empatia. Aprender a plantar nossa própria comida orgânica também seria muito útil e, se mais cidadãos soubessem realizar primeiros socorros, mais vidas seriam salvas. O mundo pós-escola clama por ajuda.

Como sociedade, precisamos de novas soluções para antigos problemas e também estar preparados para prevenir os novos. O futuro começa a ser criado hoje, e seria bacana não condenarmos nossa espécie à extinção. Precisamos suprir as necessidades do presente sem afetar a possibilidade de gerações futuras suprirem as delas – essa é a definição de sustentabilidade de acordo com o Relatório Brundtland de 1987. Ou seja, todas as nossas criações deveriam respeitar a natureza e voltar ao meio natural quando descartadas, assim como acontece com qualquer planta, animal ou humano. Nós pagamos o preço dos erros do passado e hoje as mudanças climáticas estão condenando nossa espécie à extinção. Fica claro como um planeta em colapso poderia fazer bom uso de toda a criatividade disponível.

"Ligue mais tarde, no momento estamos ocupados." Nós nos ocupamos com trabalhos, preocupações e ansiedades e nos esquecemos até mesmo de viver. Negamos nosso lado criativo achando que é coisa de criança. Jogamos o jogo que nos é ensinado: obedecer, conformar, seguir e não pensar. Acreditamos que se formos iguais a todos os outros estaremos seguros e seremos recompensados. No entanto, a segurança e a recompensa nunca chegam. Pelo contrário, se continuarmos assim, nos tornaremos adultos frios e não autênticos, cheios de arrependimentos, preocupados com o que os outros vão pensar e seguindo eternamente um caminho que não nos lembramos de ter escolhido. Em vez de nos tornarmos nós mesmos, nos tornamos uma cópia qualquer que nos foi ensinada. Trocamos todo nosso potencial pela falsa ideia de segurança, que não existe em um planeta em constante mudança e transformação como o nosso.

E foi assim que eu cheguei aqui. Olho pela janela do ônibus em um dia de semana como todos os outros, os prédios lá fora são cinza e minhas roupas também. O percurso é o mesmo de sempre, como se nada mudasse, como se a Terra não estivesse girando em torno do Sol a mais de 100 mil quilômetros por hora. Ainda falta muito para chegar. Como podem minutos parecerem horas? Eu me preocupo se vai dar tempo de fazer tudo que ainda tenho previsto para hoje, me sinto cansada e entediada. Um medo enche meu peito. Tudo está normal, nada está errado, mas meu sentimento é de que nada está certo. Mais algumas paradas, e eu tenho que descer. Minha maior certeza é que o dia de amanhã vai ser exatamente igual. Só mais algumas paradas. Que lugar pegajoso e abafado. Estou quase chegando. Preciso dar um jeito de não me atrasar amanhã. Com um solavanco, o ônibus para e eu desço para encarar o fim de mais um dia, que foi como todos os outros.

*E SE A VIDA NÃO
PRECISASSE SER ASSIM?*

1
A MENTALIDADE CRIATIVA
Como estar aberto à criatividade

De volta ao ônibus.

Dessa vez eu olho pela janela e reparo que um grupo de crianças acena alegremente para um cachorro fofo. A casa do outro lado da rua tem um grafite bonito no muro, e as botas que eu visto parecem ainda mais brilhantes hoje. O percurso é o mesmo, mas reparo que as árvores no caminho ganharam um tom alaranjado que não estava ali ontem; é a chegada do outono. Nesses poucos minutos dentro do ônibus, um menino alegre começou a tocar violão como se a vida fosse seu palco. Ele olha animado para as pessoas em volta, e de repente me sinto contagiada pela nova energia no ar. Eu presto atenção em cada detalhe dessa cena. Noto que uma mulher, alguns bancos à frente, segura um bebê rechonchudo e risonho. Ele olha pra mim, e eu devolvo o sorriso. Ele solta aquela gargalhada gostosa de bebê e a mãe olha para trás procurando a causa: é quando ela me encontra com uma careta, então ela sorri e olha pra frente. Eu coloco os fones e a minha música preferida começa a tocar, não consigo me segurar e balanço minha cabeça no ritmo. O bebê agita os bracinhos tentando acompanhar, até que olha para o próprio pé como se nunca o tivesse visto e decide que precisa colocá-lo na boca. Quando me dou conta, já é minha parada! Desço correndo e sinto os últimos raios de sol batendo no meu rosto. O clima está tão agradável, é melhor eu aproveitar já que amanhã pode não estar assim.

 Nada mudou. É o mesmo ônibus, a mesma cidade e o mesmo dia. A diferença da pessoa criativa é como ela enxerga a vida. Todos nós vivemos dias cinza e coloridos, mas os criativos estão constantemente lutando para ver cor até nos dias mais nublados.

TODOS NÓS VIVEMOS DIAS CINZAS E COLORIDOS, MAS OS CRIATIVOS ESTÃO CONSTANTEMENTE LUTANDO PARA VER COR ATÉ NOS DIAS MAIS NUBLADOS.

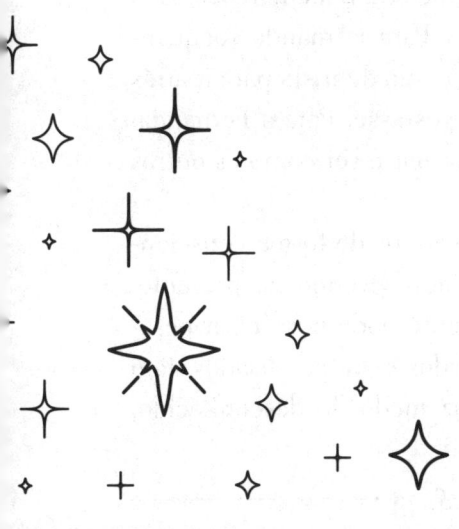

Nós entendemos que não podemos controlar o que acontece conosco, quais desafios e problemas iremos enfrentar, mas podemos controlar como reagimos. Ficar ou fugir? Falar ou se calar? Mudar ou aceitar? Chorar ou levantar? Não existe uma resposta certa. Às vezes é questão de chorar um pouco e se levantar depois. Aceitar o inevitável e mudar a forma de agir na próxima vez. Escolher nossas batalhas e erguer a voz quando for preciso ou optar por deixar o silêncio dizer tudo que for necessário.

O importante é estar desperto para fazer essas escolhas de forma consciente para que sua vida seja sua. Para que seus acertos e seus erros sejam consequência de suas ações. Para que, por pior que fique, você siga com a certeza de que esse é o seu caminho, porque é você quem o está criando e trilhando. Só dessa forma conseguimos transformar nossos erros em aprendizados. Só assim iremos acertar e nos sentir realizados, porque nossas ações terão sido frutos de nossas escolhas. Chamamos essa virada de "despertar criativo"; o momento que não tem data marcada, mas fica marcado em nossa vida. Para a Amanda, foi quando desistiu de sua carreira como dentista para ir atrás de algo de que realmente gostasse. Para a Fernanda, foi quando parou de tentar agir e ser como os outros e abraçou seu lado artista.

A única maneira de vivermos de forma consciente e desperta é se estivermos vivendo no presente. Excesso de passado na mente pode nos deixar pesados, nostálgicos, arrependidos e até paralisados. Já o excesso de futuro nos traz medo do desconhecido, ansiedade e pode nos paralisar também. Como esses dois tempos não estão acontecendo agora, eles só existem em nossa mente graças à imaginação. Sem ela, nada disso existiria. A vida real acontece no presente. O agora é tudo que temos (e que belo presente!). Podemos pegar este exato momento e fazer o que bem entendermos com ele. São escolhas que se transformam em momentos, e a vida é feita de momentos.

Uma dessas escolhas é ser criativo. Escolher criar algo é romper com o padrão, com a rotina e os hábitos automáticos. É criar um momento diferente na sua vida. É a chance de a mente correr solta e respirar. Qualquer criação, por menor que seja, nos puxa para o presente. Seja ao fazer um sanduíche diferente ou ao escrever um pequeno texto, quando estamos criando, focamos nossa atenção no agora. Assim aproveitamos não só o resultado da nossa criação, como também o processo.

A sensação de ficar tão absorto em criar algo e perder a noção do tempo é o que o psicólogo Mihaly Csikszentmihalyi chamou de *flow* (ou estado de fluxo). Vivido não só por criativos, mas também por atletas e até mesmo médicos realizando cirurgias, esse estado mental é alcançado quando fazemos, sem distrações, algo de que gostamos. Ele vem desse foco no momento presente, quando já não existe mais a separação entre indivíduo e atividade. Há uma gratificação instantânea que independe do resultado final. Enquanto nossa criação pode não valer muita coisa, o processo sempre vale. É naquele momento *cabeça funcionando e mãos na massa* que erramos, acertamos, aprendemos e vivemos.

Despertar a própria criatividade começa com a mentalidade certa. Para ajudar, identificamos algumas características das pessoas verdadeiramente criativas:

☞ *Mente aberta*

Enquanto em mente fechada não entra nada novo, "a mente que se abre a uma nova ideia jamais voltará ao seu tamanho original", disse Albert Einstein. Precisamos estar abertos a receber inspiração, a fazer novas conexões, a aceitar mudanças e questionar tudo, até mesmo nossas certezas. Só assim quebraremos preconceitos e conseguiremos explorar o novo. Uma mente aberta enxerga que todos têm algo para nos ensinar e entende que seremos eternos aprendizes. A criatividade exige de nós flexibilidade para nos adaptarmos e acharmos soluções para os desafios que surgirem em nossos processos criativos.

☞ *Curiosidade*

A curiosidade é a bússola do criativo. Ela nos leva a conhecer mais o mundo, a viver novas experiências e a sair da zona de conforto sempre nos aproximando da inspiração. Uma mente curiosa tem fome de conhecimento e levanta muitos questionamentos que sempre levam a uma nova descoberta.

☞ *Esperança*

É preciso esperança para imaginar o que não existe, mas poderia existir. Mesmo que não estejamos criando para revolucionar o mundo, mesmo que seja um simples hobby de um sábado à tarde, precisamos acreditar que vale a pena, que nós merecemos e que a vida deve ser vivida. Em um processo criativo, a esperança nos dá força para continuar e não desistir.

☞ *Presença*

Qualquer tipo de criação se faz no presente. Mesmo se só for ficar pronta daqui três meses ou dez anos, ela começa agora. O criativo não perde todo o seu tempo sonhando com o futuro ou relembrando o passado, porque está ocupado criando no presente. Sua atitude de estar sempre em busca de inspiração exige que esteja atento ao que acontece à sua volta.

☞ *Autoestima*

A autoestima é fundamental para fazer qualquer coisa acontecer, já que precisamos acreditar que conseguimos ou que pelo menos merecemos tentar. Quando pensamos que não somos capazes, nem tentamos, criamos desculpas ou nos sabotamos no percurso. O caminho criativo é feito de tentativas e erros. Por isso é preciso se permitir errar e ter confiança para se levantar e tentar novamente.

VOCÊ É CAPAZ DE SER QUEM VOCÊ QUISER

Como a autoestima é o fundamento da mentalidade criativa, não podemos deixar de desenvolvê-la. Enxergar seu próprio valor pode ser um longo processo, então vamos mostrar que você já realizou mais do que imagina e é capaz de realizar muito mais. Tire alguns minutos para anotar todas as suas conquistas, das menores às maiores. Tudo o que você já se propôs a fazer e fez é uma conquista sua. Pode ser qualquer coisa em qualquer área da vida: pessoal, profissional, acadêmica, espiritual e física. Pode ser ter conseguido se abrir para um novo relacionamento, ter enviado um currículo ou começado a praticar ioga. Todo passo é uma conquista.

É normal ter dificuldade em listar seus feitos no início. Nós nos acostumamos a só dar valor ao que podemos medir e contabilizar. Queremos diplomas e papéis assinados por outras pessoas nos dizendo que somos capazes. Porém, a maioria de nossas conquistas se dá longe dos olhos alheios, são os obstáculos que superamos e as batalhas internas que vencemos. Com uma lista de conquistas em mãos, leia tudo e se orgulhe de suas realizações, você merece.

Levando uma vida criativa

(DE FERNANDA LONGONI PARA SUA CRIANÇA INTERIOR)

A mentalidade criativa é a mentalidade da criança. Por muito tempo ouvi sobre a importância de manter viva sua criança interior, mas sempre falado em um tom místico e vago, nunca levado muito a sério. Hoje defendo esse clichê com unhas e dentes. Minha criança interior não só está viva, como também saudável, alimentada e bem cuidada. Eu a levo pra passear e tomar sorvete (vegano, de preferência). Cerco-a de bons amigos e, de vez em quando, deixo que dance até cansar. Coloco pra dormir e dou colo quando é preciso. Porque adultos são crianças grandes. Nunca paramos de errar e nunca deveríamos parar de aprender.

Depois dos 20 anos, ficou claro que a adolescência foi uma cilada e a vida adulta era uma farsa. Quando somos adolescentes, vivemos cercados de pressões sociais, inseguranças e medo do que os outros vão pensar. Tentamos agradar a todos e acabamos por desapontar a nós mesmos. Chegamos à vida adulta e nada muda. Não existe uma cura milagrosa que vem com a idade. Achamos que seremos corajosos, inteligentes e completos se formos apenas um pouco mais velhos. A realidade é que a idade do corpo não significa sabedoria ou maturidade. Assim como a criança trabalha duro para aprender, crescer e evoluir, seguimos nesse mesmo processo pelo resto da vida.

Ao pisar no mundo real, fica clara a verdade: isso aqui é uma bagunça. Viver é dançar em meio ao caos. É entender que nem sempre seremos criativos, divertidos e coloridos. É sobre continuar tentando porque vale a pena. Pense em suas coisas favoritas na vida. As minhas seriam bebês rindo, gatinhos dormindo, cheiro de chuva, uma tarde com amigos, o jeito que a luz do sol passa por entre as folhas das árvores, a sensação de não ver o tempo passar por estar criando, uma refeição saborosa com a família, ataques de riso com meus irmãos, por aí vai...

    Independentemente do gosto, alguns pequenos momentos são tão lindos, engraçados, divertidos e amorosos que fazem essa jornada valer a pena. E se eu não encontro esses momentos na minha vida, saio correndo atrás deles, porque sei que preciso disso para continuar vivendo. Algo que se mostrou verdade para mim foi que não adianta apenas ficar sentada esperando. Por muito tempo sonhei com cenários divertidos e oportunidades que nunca me encontraram. Eu esperei no topo da torre, mas ninguém chegou para me salvar. Até que entendi que eu precisava me levantar e criar toda essa vida que eu queria. E esse não seria um trabalho do dia para a noite; eu preciso ativamente me dedicar a essa criação e cuidar da minha saúde física, psicológica e espiritual para estar bem. Além disso, não estou sozinha e posso pedir ajuda quando for necessário. Porque a vida pode ser linda demais e, na minha humilde opinião, merece ser vivida.

    As duas cenas no ônibus foram reais. E continuam sendo, dependendo do dia. Eu vi o fundo do poço e sei que ainda vou ver muitas vezes. Mas, agora, enquanto estou aqui em cima, vou mais é olhar para o céu, para as flores e para os bebês fofos. Quero continuar caminhando e espero encontrar você. Caso eu caia, vou tentar subir de novo – e quem sabe reler este livro me ajude. Porque eu vi que aqui – este lugar onde me permito criar, viver, sentir, amar, ser quem sou – é bom demais.

Quando eu estiver feliz, vou pintar quadros, fazer desenhos e dançar. Quando me sentir triste, vou colocar tudo pra fora em forma de poemas, músicas e rabiscos. Vou continuar criando porque isso me faz bem. Porque é uma das minhas coisas preferidas. Porque me traz para o presente. Porque cria momentos especiais na minha vida. Porque me permite expressar coisas que eu não saberia dizer. Porque me conecta com quem sou de verdade. Porque é humano. Porque me faz feliz.

*QUANDO VOCÊ
SE TORNAR CRIATIVO,
O MUNDO NÃO VAI MUDAR.*

VOCÊ VAI.

2
A COLINA DA INSPIRAÇÃO
Como se inspirar

Por muito tempo, acreditamos que a inspiração era um dom divino dado para alguns seres humanos especiais. Esse é o famoso mito do artista gênio que, após subir no topo de uma colina e suplicar às musas por inspiração, volta com a ideia que vai revolucionar o mundo para sempre. Foi assim que a Teoria da Relatividade e todos os hits da Beyoncé foram criados? Não. Toda obra genial vem de muito trabalho, e a inspiração desses criativos vem de um esforço contínuo que eles fazem na vida. O esforço de se manterem curiosos e em busca de inspiração.

A inspiração chega sem aviso. Ela pode bater na nossa porta animada e eufórica nos convidando a criar ou pode chegar de mansinho, entrar sem ser notada e ocupar um lugar em nossa mente por semanas. Independentemente de como, sempre traz um convite. Se escolhermos segui--la, com certeza será uma aventura. Ela preenche nossos pulmões e nos faz sentir completos, mas, se não fizermos algo a respeito, ela vai embora.

Se você está em frente à sua escrivaninha, com raiva de uma folha em branco há duas horas, não adianta insistir, a inspiração não vai vir. Ela não existe em uma mente tensa, estressada e superlotada. O criativo precisa se distrair. Ao lavar a louça ou brincar com o gato, é nesses momentos que a mente corre solta e faz novas conexões. Então, quando estiver empacada em um trabalho criativo e precisar de inspiração, levante-se e vá se perder um pouco. Se perder em um parque, uma livraria, uma biblioteca ou um museu.

O que inspira cada um de nós é muito pessoal. Muda de tempos em tempos, mas estará sempre relacionado a nossa essência, a quem somos em um nível mais profundo. Para entendermos melhor a inspiração, de onde ela vem, onde habita e do que se alimenta, realizamos uma pesquisa. Perguntamos para as pessoas que nos acompanham nas redes sociais o que mais as inspira e, então, identificamos três grandes fontes que englobam todas as respostas:

▷ *mundo exterior* ◁
▷ *mundo interior* ◁
▷ *mundo fantasia* ◁

A primeira fonte de inspiração é o que chamamos de *mundo exterior*. Colocamos nessa categoria tudo o que está ao redor, como nossa cidade, a natureza e as pessoas. Podemos nos inspirar em uma paisagem, em uma conversa com alguém, em um vídeo a que assistimos, em uma viagem que fazemos ou em um grafite que observamos na rua.

A segunda fonte é o *mundo interior*, ou seja, quando você se sente inspirado pelas próprias ideias e emoções. Quando estamos apaixonados ou com o coração partido e escrevemos uma música, um poema ou uma história, a inspiração vem de nossas emoções. Você já sentiu aquela animação quando começa a criar algo e só o processo já te deixa motivado a continuar? Isso acontece porque podemos nos inspirar até mesmo no simples ato de criar.

A terceira fonte de inspiração é o *mundo fantasia*, que pode ser visto como uma junção dos dois primeiros, porque é uma mistura do mundo exterior com a imaginação. Pense na Terra do Nunca, no País das Maravilhas, em Oz, Nárnia, Hogwarts ou na Nação Criativa. Estamos falando desses lugares. Através deles temos a sensação de mundos novos se abrindo à nossa frente e a ideia do que é possível se expande. Ideias e até sensações novas começam a surgir dentro de nós. Todos os livros de ficção, séries, quadrinhos, filmes e desenhos são parte do mundo fantasia.

A partir de agora, começa a ficar mais fácil entender como a inspiração aparece. Normalmente será mais fácil se inspirar no mundo fantasia, porque ele é extraordinário e surpreendente. Porém, como nem sempre teremos um à disposição, podemos aprender a usar o nosso dia a dia como fonte de inspiração também. Conseguir enxergar beleza nas coisas comuns é um dos diferenciais das pessoas consideradas criativas e é uma habilidade que pode ser aprendida. Olhar com outros olhos para o que você vê todo dia pode despertar inúmeras ideias. A casa abandonada na sua rua pode inspirar um conto, a flor no jardim pode levar a uma pintura e sua amizade com seu melhor amigo pode se transformar em uma música.

EM BUSCA DE INSPIRAÇÃO

Quando o criativo entende mais sobre o que o inspira, ele passa a administrar melhor a própria inspiração e não precisa mais suplicar em uma colina. Como só encontramos respostas por meio da ação, não adianta ficar sentado pensando sobre o que pode te inspirar e o que você pode gostar de fazer. A única forma de saber como você se sente é experimentando coisas diferentes. Estamos tão desconectados de nós mesmos que às vezes pode ser difícil saber do que realmente gostamos – e por isso precisamos ir em busca de autoconhecimento.

Durante vinte dias, anote o que mais o inspirou ou animou naquele dia. Pode ser qualquer coisa. Você pode ter adorado ver a chuva cair, ter se sentido animado depois de conversar com um amigo ou, ainda, por ter terminado aquele desenho que começou há semanas. Anote a primeira coisa que vem à sua cabeça, mas só após os vinte dias leia a lista inteira. Depois de ler tudo, consegue identificar algum padrão nas suas inspirações? De qual das três fontes sentiu mais inspiração? Esse exercício foi proposto pela Ashley Stahl em seu Ted Talk. Para ir além, construa o hábito de se perguntar: "Por quê?", "Do que eu gosto aqui? De que forma isso me chamou atenção? Qual sensação me passa?".

No caso da Amanda, o padrão encontrado foi que sua inspiração vem mais frequentemente da conexão com outras pessoas, enquanto a da Fernanda vem dos seus sentimentos que podem virar arte. Esse autoconhecimento é muito útil, porque, ao sentirem que a energia está baixa e precisando de inspiração, a Amanda pode buscar conversar com alguém e a Fernanda pode escrever em um diário, a fim de entender melhor o que está sentindo. Um foco maior no mundo exterior ou no interior. Esse olhar atento ensina novas informações sobre si mesmo e facilita encontrar inspiração quando necessário.

A inspiração está ao nosso redor o tempo todo, só precisamos estar abertos a ela e preparados para captá-la. Quanto mais colocarmos nossa criatividade em prática, mais fácil se torna nos mantermos inspirados. Então se permita ser inspirado pela vida e também se permita ser fonte de inspiração para os outros. Todo mundo tem esse poder, tudo que você cria ecoa e tem um reflexo no mundo.

A INSPIRAÇÃO
ABRE UMA PORTA.
DELA, SOPRA UM AR FRESCO,
E NÓS NOS SENTIMOS
CURIOSOS PARA VER
O QUE SE ENCONTRA
LÁ DENTRO.
CRIAR É
ATRAVESSAR ESSA PORTA
E PARTIR EM
UMA LONGA JORNADA.

3
COMECE A CRIAR
Como a criatividade funciona

Nenhuma criação surge do zero. A criatividade nada mais é do que a habilidade de fazer novas conexões entre coisas e ideias que já existem. A química já diz: nada se cria, tudo se transforma. Colocando de forma diferente, é transformando que se cria algo novo. Quando criamos, pegamos informações e conhecimentos que possuímos e misturamos tudo. Conectamos coisas que todos conhecem de uma forma própria. Como uma grande colagem. Quanto mais distantes forem as ideias conectadas, mais inovadora será considerada a criação. Até mesmo uma obra de arte, por mais original que pareça, sempre vem de diversas influências às quais o artista foi exposto. Por ser um caminho longo, de uma vida inteira, as pegadas já se encontram desbotadas e não conseguimos mais refazer os passos do artista. Cabe a nós apenas apreciar.

Imagine que vamos pintar uma tela. Podemos utilizar como inspiração as mãos de uma pessoa querida, as cores do pôr do sol que vimos no dia anterior ou nossa frase favorita. Nosso traço é resultado de todos os anos que copiamos o trabalho de outros artistas para aprender a técnica. Ficou marcado em nosso estilo a forma de segurar o pincel dos impressionistas, mas juntamos com a paixão por adornos típica do *art nouveau*. Misturamos todas as técnicas aprendidas, nossos gostos e até mesmo erros que cometemos no processo da pintura. Se nos permitirmos ser vulneráveis e colocarmos nossas ideias ali, teremos algo autêntico.

Às vezes a criatividade é tão simples quanto trocar de contexto. Nos anos 1980, a Disney lançava *Star Tours*, uma atração como nenhuma antes. Baseado na franquia *Star Wars*, de George Lucas, o brinquedo que simulava uma viagem pelo espaço não foi criado do zero. Os Imagineers (quem cria as atrações dos parques Disney) aliaram a magia do cinema com um simulador de voo usado para treinar pilotos. A tecnologia já existia e já era usada, mas, ao ser combinada com um filme e uma nova ambientação, se tornou algo totalmente novo. Agora, todos os dias, milhares de pessoas podem experimentar a sensação de voar pelo espaço graças à criatividade.

Partir de uma folha em branco pode ser assustador e não é imprescindível. Pegue algo tão antigo quanto os mitos gregos. Eles são contados e recontados com frequência e continuam a dar origem a fenômenos culturais. Em 2004, Anaïs Mitchell criou um álbum *folk* inspirado no mito de Orfeu e Eurídice. Com a ajuda de Rachel Chavkin, essas músicas deram origem a *Hadestown*, aclamada peça da Broadway vencedora do prêmio Tony de melhor musical em 2019. Nesse projeto, à mitologia grega foi adicionado um contexto pós-apocalíptico inspirado na Grande

Depressão americana, uma mistura improvável, mas extremamente criativa. Enquanto isso, o então professor de Inglês e História Rick Riordan escrevia e publicava a saga Percy Jackson, que conta a história de um semideus filho de Poseidon vivendo no século 21. A série de livros foi publicada em mais de 35 países e ensinou mitologia grega a uma geração de adolescentes.

Inspirados pelo futuro ou pelo passado, estamos sempre contando histórias. Contamos histórias através das artes e de todas as nossas criações. Fazemos isso em busca de compreender melhor a vida e compartilhar com os outros. Expressamos nossos sonhos e nossos medos na esperança de alterar a realidade. Criar uma melhor. Inventamos máquinas e tecnologias querendo dar esse passo à frente. Ir além. Viver melhor que ontem.

Criatividade é sobre mudança e aperfeiçoamento. É pegar o que já existe e deixar cada vez melhor. Do disco de vinil para a fita cassete, o CD, o MP3, as plataformas on-line e todas as variações que existem no caminho: queremos armazenar música com cada vez mais eficiência. Diretores assistem a seus filmes favoritos se perguntando como poderiam ser ainda melhores. Músicos escutam seus ídolos buscando achar o que poderia ser diferente. Nosso cérebro gosta de novidade, pois ela nos tira de nossas rotinas monótonas e do tédio generalizado. Queremos nos vestir de forma diferente, mudar o corte de cabelo e redecorar nosso quarto. Nessa busca por fazer diferente e aperfeiçoar, acabamos criando o novo.

OLHE PARA AS ENGRENAGENS

Quem cria está sempre se perguntando "como isso foi feito?". Vivemos de processos, então as engrenagens são tão interessantes quanto o produto final. Não é preciso ser engenheiro para ter curiosidade e pesquisar sobre o funcionamento do mundo. Queremos saber como os truques de mágica são feitos para podermos fazer magia também. Atualmente nenhuma empresa cria magia tão bem quanto a Disney. Seus parques conseguem fazer os visitantes se sentirem em outro mundo. Ao entrar no Magic Kingdom, você se sente em um mundo de fantasia. Na área dedicada ao filme *Avatar,* no Animal Kingdom, você entra na terra alienígena de Pandora. Em Cars Land, passa a estar em um mundo em que carros vivem. Mesmo sendo adulto, você não questiona e entra na fantasia. Por quê? Cada experiência e cada interação foi projetada nos mínimos detalhes para isso.

Máquinas espalham aromas pelo parque, deixando a rua principal cheirando a biscoitos saindo do forno e a atração dos Piratas do Caribe com cheiro de maresia. Algumas construções têm janelas menores nos andares de cima para que os prédios e castelos pareçam mais altos, uma ilusão causada pela perspectiva forçada. Até mesmo o piso muda de uma área temática para outra, fazendo a transição entre as diferentes épocas e histórias retratadas no parque. É um misto de visual, cor, música, luzes, texturas, sabores e cheiros. Todos os seus sentidos são inundados pela realidade Disney. Goste você ou não, é um grande projeto de design, com o qual se aprende muito. Além disso, cada detalhe de que você gostar pode ser adicionado às suas próprias referências.

AS RESPOSTAS ESTÃO NA NATUREZA

Podemos encontrar referências ao nosso redor a qualquer momento, e tudo o que vivemos pode ser usado como inspiração. Nossa linguagem, as pessoas e os lugares que conhecemos, o que aprendemos e, claro, a natureza. Ela é uma fonte inesgotável de inspiração. Enquanto lutamos para criar belas coisas que se encaixem no mundo em que vivemos, a natureza está um passo à frente e já fez tudo isso. Toda a vida na Terra vem sendo testada e aperfeiçoada desde o início dos tempos, na chamada evolução por seleção natural. Graças a isso, o ser humano vem descobrindo que as respostas para nossas perguntas já se encontram no mundo natural e que basta olharmos com atenção para ele.

Ficou famoso o caso do engenheiro japonês que achou em seu hobby, a observação de pássaros, a resposta de que precisava. Eiji Nakatsu fazia parte do time que buscava solucionar o grande problema do barulho gerado pelos trens-bala japoneses. Após se voltar para o reino animal, Nakatsu encontrou no formato do bico do pássaro martim-pescador a inspiração de que precisava. Essa espécie é capaz de voar e mergulhar na água, transitando entre duas diferentes densidades de maneira rápida e eficaz. A análise da forma do bico foi utilizada para criar um novo formato para a frente do trem, e assim o problema foi solucionado.

Biomimética é a área da ciência que busca aprender com a natureza estratégias e soluções para que possamos aplicar nas criações humanas. O objetivo é solucionarmos nossos problemas e também voltarmos a equilibrar o ecossistema em que tanto interferimos. Às vezes o futuro se faz olhando para o que já existia antes de nós.

MAIS DO QUE IDEIAS ORIGINAIS, IDEIAS AUTÊNTICAS

A ideia de originalidade e inovação costuma estar atrelada a esse mito de que é possível criar algo desconectado do que já existe. Uma vez que aprendemos que nada surge do zero, passamos a investir em ideias autênticas, que carregam consigo o DNA do criativo. Elas são fruto da verdade de quem as criou. Não tenha medo de usar em suas criações tudo o que você aprendeu e tudo que você é. Quanto mais elas refletirem seu olhar único e sua visão de mundo, mais autênticas serão.

A autenticidade é a chave do sucesso. É esse o fator que prende a atenção de quem passa e se sobressai em um salão cheio. Somos atraídos por tudo que nos mostra um pouquinho do que é ser humano, porque essa é uma experiência que todos partilhamos. Mesmo que não saibamos colocar em palavras, reconhecemos a verdade que exala de uma obra autêntica. Então, ainda que não seja do nosso gosto, o que é autêntico chama atenção e é digno de muito respeito.

Ou seja, se você tentar agradar a todo mundo, não vai agradar a ninguém. Em vez disso, busque fazer algo de que realmente goste, que tenha a sua cara. Garantimos que vai fazer toda a diferença e, mesmo que não dê tão certo assim, pelo menos a uma pessoa você agradou. Um exemplo é este livro que você está lendo agora. Não foi o primeiro livro sobre criatividade publicado, mas é o primeiro escrito com a nossa visão sobre o tema. O recorte que escolhemos, usar a criatividade como estilo de vida, relaciona tudo em que acreditamos: criatividade, autoestima e desenvolvimento pessoal. Esse assunto escorreu de nossa vida como se tivesse vida própria, fruto de como fomos criadas e de anos de trabalho na área.

CRIANDO COM POUCO

Imagine que lhe damos um lápis vermelho e um azul e pedimos que crie algo em uma folha de papel. Não seria difícil, né? Agora, imagine que você está numa fantástica fábrica de lápis de cor em que todas as cores do universo existem. Lá você pode escolher o material que quiser para desenhar e do tamanho que quiser! Como você se sentiria? A ideia é muito divertida e seria maravilhoso visitar esse lugar, mas criativamente seria uma tortura. Podemos nos imaginar olhando para todos os lados nervosas, sem conseguir tomar uma decisão enquanto o tempo passa. Milhares de ideias correndo sem parar e sem nenhum tipo de restrição para nos ajudar a decidir o rumo a seguir.

A criatividade brilha mais forte com recursos limitados, porque ela é a solucionadora de problemas da nossa mente. Quando desafios surgem, ela é ativada para encontrar uma nova saída e achar a solução. Isso acontece porque precisamos de ajuda para tomar decisões, ou nos sentimos perdidos. É muito mais fácil escolher entre uma opção boa e uma ruim do que entre duas alternativas boas. A indecisão é real. Precisamos de um parâmetro na hora de escolher e gostamos de ter um argumento lógico para sustentar nossa decisão. Sendo assim, poucos recursos ou limitações podem potencializar a criatividade. Até mesmo seus valores são capazes de criar esse limite e aumentar sua autenticidade.

A Fernanda se descobriu desde cedo uma ambientalista. O respeito pela natureza sempre esteve presente, e logo ela viu como isso dificultava seu trabalho enquanto designer e empreendedora. Tentar fugir dos materiais mais poluentes, como o plástico descartável, significava não seguir o que todo mundo estava fazendo e ter que criar novas soluções. O plástico, a opção mais prática, barata e recomendada no mundo das embalagens, não poderia ser usado nas criações da loja de materiais criativos Empório Femingos. Ao mesmo tempo, uma empresa pequena não tem dinheiro para investir em uma inovadora embalagem sustentável. O time Femingos (nós duas e a Jô, nossa mãe) precisou olhar para os materiais disponíveis e ver quais eram as opções com menor impacto ambiental e mais viáveis financeiramente. Esse cuidado com o meio ambiente não passou despercebido: os clientes o reconhecem como parte da identidade da marca. Antes um problema, agora um diferencial.

O MOMENTO DE CRIAR É AGORA

Não adianta querer ser criativo só na hora de fazer arte ou um trabalho. Se fizer as coisas sempre do mesmo jeito, falar com as mesmas pessoas e ouvir as mesmas músicas, não terá ideias diferentes. A criatividade depende das nossas referências, e todo dia podemos adquirir novas, basta mudar um pouco nossa rotina. Podemos mudar a forma como fazemos algo ou incrementar novas sensações. Podemos fazer um caminho diferente do habitual, conversar com um vizinho, testar uma receita, ouvir outro estilo de música, procurar formatos nas nuvens, fazer um jantar temático, customizar as próprias roupas ou mudar os móveis de lugar.

Como forma de testar sua criatividade agora mesmo, elaboramos um pequeno exercício. A ideia é estimular sua mente a fazer conexões para ter novas ideias, sem se preocupar com o resultado e apenas se divertir. Pense em uma caneta esferográfica tradicional, com corpo de plástico transparente, tubo com tinta dentro, ponta esferográfica e tampa. Agora tente imaginar dez maneiras inusitadas de usá-la que vão além de coisas comuns como escrever ou desenhar. Tire de contexto, separe em partes, multiplique, misture com outros elementos... Seja criativo!

(Virando a página, você encontrará alguns de nossos exemplos preferidos.)

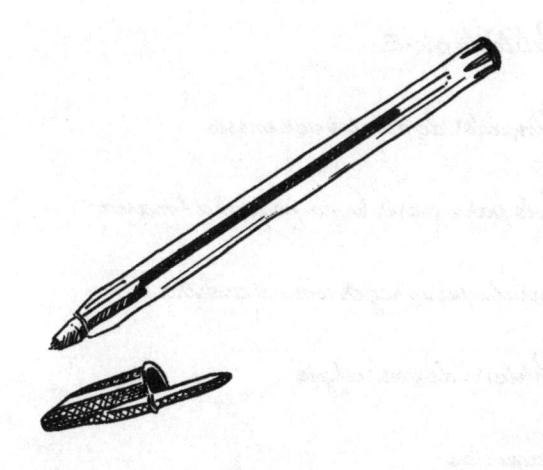

✧ Canudo

✧ Compartimento de recados para seu pombo-correio

✧ Palito de picolé

✧ Lançador de dardos venenosos

✧ Rolo para abrir (uma pequena) massa

✧ Batuta para reger uma orquestra

✧ Ponteiro de um relógio

✧ Baquetas

✧ Haste para remendar seus óculos

✧ Tobogã para girinos

4
PREPARANDO SUA BAGAGEM CULTURAL
Como ter novas ideias

Todo mundo tem ideias o tempo todo, mas, como a maioria delas é sobre nosso cotidiano, costumam passar despercebidas. Para usar a criatividade de forma intencional, é necessário prestar atenção em suas ideias, por menor que sejam, e então trabalhar para melhorá-las. Talvez você queira criar uma história em quadrinhos, um curta-metragem, começar um canal no YouTube, escrever um livro, criar seus próprios produtos ou compor uma música. Saiba que são somente as ideias que você decide colocar em prática que transformam sua vida.

Por isso vale a pena registrá-las. Quando colocamos no papel, garantimos que não serão perdidas e também mostramos para a nossa mente que novos pensamentos são bem-vindos. Temos a mania horrível de ficar pensando nas mesmas coisas dia após dia, presos em nossas mentes, quando poderíamos encarar nossas ideias e descartá-las se não se mostram úteis. Então anote qualquer ideia que surgir com o máximo de detalhes possível. Neste momento, não julgue se é boa, possível ou se vai funcionar. Chamamos isso de "poço de ideias". O simples ato de anotar nos ajuda a liberar espaço na mente ao mesmo tempo que nos permite consultar essas ideias sempre que precisarmos. Seja em um pequeno caderno que você carrega consigo ou no bloco de notas do celular, registre tudo e descubra seu potencial criativo.

Sabendo que a criatividade vem das novas conexões entre referências, fica claro como ser cada vez mais criativo: colecione as mais diversas referências, porque, quanto mais variadas forem, mais inusitadas serão as conexões. Esse material de trabalho do criativo é tudo que existe à sua volta somado a tudo que existe em sua cabeça. São as artes que viu, os filmes a que assistiu, os lugares que visitou, as preces que rezou, as risadas que deu. Tudo o que você escolher carregar consigo irá compor sua bagagem cultural.

EXPLORE SUAS INTELIGÊNCIAS

Para adicionar referências à sua bagagem, é preciso viver novas experiências. Precisamos sair da nossa zona de conforto para encontrar novas formas de pensar; para isso, basta explorar a ferramenta mais valiosa que temos: nossa mente.

Durante os anos de escola, somos incentivados a focar o desenvolvimento da inteligência lógico-matemática e linguística. Quem tem facilidade nessas áreas costuma tirar boas notas na escola, enquanto quem tem dificuldade, infelizmente, costuma ser considerado burro. No entanto, o que não aprendemos é que existem diversas inteligências diferentes. Como a maioria de nós não as explora durante o crescimento, acabamos demorando muito ou às vezes nunca descobrimos quais são nossas aptidões. Segundo o psicólogo Howard Gardner, existem nove tipos de inteligência:

☞ Inteligência lógico-matemática: habilidade com operações numéricas e raciocínio lógico.

☞ Inteligência linguística: facilidade em aprender idiomas e se comunicar através da fala e da escrita.

☞ Inteligência espacial: facilidade com habilidades que usem os sensos de localização e de visão. Por exemplo: navegação, escultura, fotografia, arquitetura etc.

☞ Inteligência corporal: habilidade do uso do próprio corpo, como na dança, em esportes, no artesanato e até em cirurgias.

☞ **Inteligência musical:** habilidade na composição e na apreciação de diferentes padrões musicais.

☞ **Inteligência interpessoal:** empatia e habilidade de relacionamento com outras pessoas.

☞ **Inteligência intrapessoal:** habilidade em lidar com os próprios sentimentos e conhecer a própria personalidade.

☞ **Inteligência naturalista:** habilidade em encontrar padrões, reconhecer e classificar espécies da flora e fauna.

☞ **Inteligência existencial:** facilidade em lidar com questões espirituais, vontade de entender o funcionamento do universo e o sentido da vida.

Podemos passar a vida inteira achando que não somos inteligentes, porque não nos enquadramos no conceito de inteligência tradicional. No entanto, todos nós possuímos diferentes combinações de inteligências, e a sociedade precisa de todos os tipos de habilidades. Lembre-se de que tudo o que você aprende fará parte da sua bagagem cultural.

NÃO É SÓ TALENTO

O que consideramos talento e dom das outras pessoas é mais fruto de trabalho duro e prática do que simplesmente uma aptidão herdada. Podemos nascer com toda a inteligência do mundo, mas sem exercitá-la não vamos longe. Por isso, pratique as inteligências que normalmente não ganham tanto sua atenção. Temos certeza de que você é mais inteligente do que imagina. Não precisa se tornar profissional; o importante é experimentar. Há inúmeros vídeos no YouTube ensinando tudo o que se possa imaginar, então você não precisa gastar dinheiro nem sair de casa para isso. Essa é uma forma de se conhecer melhor, ter novas experiências e colecionar referências. Para ajudá-lo com isso, sugerimos as seguintes atividades:

☞ Inteligência lógico-matemática: jogue Sudoku, um tradicional jogo numérico que pode desenvolver seu raciocínio lógico.

☞ Inteligência linguística: pesquise no dicionário duas palavras que você nunca ouviu antes. Em seguida, escreva uma história em que elas apareçam.

☞ Inteligência espacial: pegue uma massinha, um pouco de argila ou biscuit e faça uma pequena escultura. Pode ser abstrata ou baseada em algum objeto, animal ou pessoa.

☞ Inteligência corporal: crie uma coreografia inusitada para sua música favorita. O importante é se movimentar com toda a liberdade.

☞ Inteligência musical: componha uma música. Pode ser a letra ou a melodia.

☞ Inteligência interpessoal: converse com uma pessoa bem diferente de você. Alguém mais velho, de outra religião ou que tenha vindo de outra cidade. No fim da conversa, anote algo que você aprendeu com essa pessoa.

☞ Inteligência intrapessoal: pegue um caderno e crie o hábito de anotar seus pensamentos e seus sentimentos do dia. Depois de um mês, releia o que escreveu.

☞ Inteligência naturalista: pegue flores ou folhas, envolva em papel-manteiga ou papel-toalha e coloque para secar dentro de um livro por alguns dias. Depois de secas, você pode colar em um caderno e categorizá-las.

☞ Inteligência existencial: tire cinco minutos do seu dia para meditar. Escolha uma música que te acalme ou uma meditação guiada. Respire fundo e concentre-se na respiração. Há aplicativos e vídeos que podem ajudar no passo a passo.

COLECIONAR REFERÊNCIAS E NÃO ACUMULAR

Somos bombardeados por informações o tempo todo. Enquanto algumas coisas podem nos inspirar e se tornar referências, o excesso de informação nos deixa desnorteados e exaustos. A mídia não para de nos dizer para sermos mais, produzirmos mais e consumirmos mais. Nosso cérebro não foi feito para lidar com tanta informação, e a ansiedade se tornou o mal do nosso século.

Por isso é tão importante falar: seja um colecionador, não um acumulador de referências. Austin Kleon mencionou isso em seu livro *Roube como um artista*, e nós vamos além. Enquanto a acumulação surge da falta de controle e do constante desejo de ter mais, colecionar é sobre ter cuidado e apreço pelo que você mantém na sua vida. Você pode colecionar palavras, frases, depoimentos carinhosos que recebeu, cartões de aniversário, livros, cenas de filmes, letras de músicas, *memorabilia* (itens que te remetem a momentos), materiais gráficos, todo tipo de coisa. No entanto, é importante saber como trabalhar com tudo isso para que te ajude a criar em vez de atrapalhar. Colecionar é sobre selecionar, organizar e apreciar.

◊ *Selecionar*
Nem toda informação é confiável, por isso precisamos selecionar muito bem nossas fontes e colecionar apenas o que pode ser útil para nós. Damos mais valor

ao que temos em menor quantidade, então vale a pena ter menos para apreciar mais.

◊ *Organizar*

Organização é o que vai nos ajudar a encontrar o que precisamos quando for necessário, e apenas assim uma referência se faz útil. Em relação ao poço de ideias que mencionamos, crie o hábito de organizar seus pensamentos, separando por categorias em diferentes cadernos ou fazendo listas. Também é importante manter à nossa volta um ambiente arrumado e inspirador. Um quarto limpo e organizado propicia uma mente limpa e organizada, ajudando na clareza mental. É preciso encontrar as coisas com facilidade e ter espaço suficiente para poder fazer bom uso delas. Seja em casa, seja na mente, esse espaço para se movimentar é crucial para a criatividade.

◊ *Apreciar*

Por fim, aprecie. Tirar um tempo para aproveitar tudo aquilo que o inspira, rever suas listas de favoritos e revisitar antigas ideias vai ajudá-lo a descobrir se suas referências ainda lhe servem de inspiração. Se já não servem mais, é hora de darem lugar a algo novo.

MISTURE BEM SUAS REFERÊNCIAS

O treino do criativo se faz primeiro imitando. Quando crianças, copiamos os gestos de adultos próximos para aprendermos como agir. Da mesma forma, artistas copiam seus mestres para aprender suas técnicas. Esse é o processo de aprendizagem, mas o trabalho criativo começa quando se mistura tudo o que se aprendeu em suas mais diversas vivências. Para isso, é necessário parar de consumir apenas o trabalho dos outros e criar gosto e estilo próprios. Saia do virtual, vá em busca das fontes que deixamos de lado com a chegada da era digital. Redescubra o prazer do trabalho manual e analógico, em que sujamos as mãos e fazemos bagunça na escrivaninha. Conecte-se com sua ancestralidade e os saberes dos povos que vieram antes de nós. Crie sua coletânea de referências da forma que lhe parecer mais autêntica, porque esse momento de pesquisa vai definir seu trabalho.

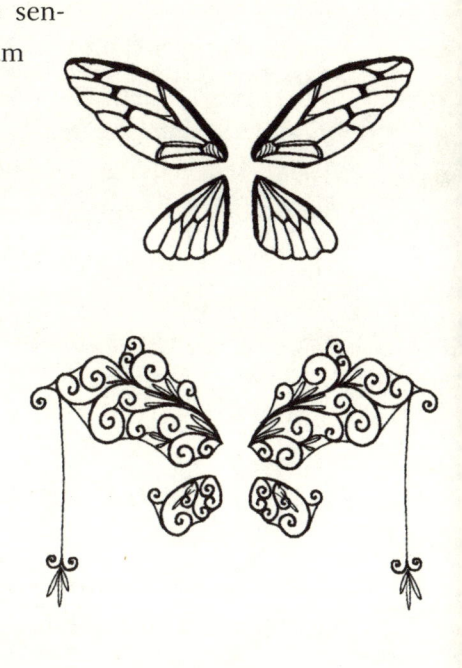

Se ainda assim você sente que suas criações ficam muito parecidas com as referências, é necessário fazer uma pesquisa maior de fontes e misturar mais o que você conhece. Digamos que queira desenhar uma fada, por exemplo. Na hora de buscar por referências, não busque apenas outros desenhos de fadas. Busque por diversas fotos de pessoas, asas de borboletas, asas de outros animais, estilos de pintura de que você gostou e combinações de cores diferentes. Leia sobre lendas e mitologias por trás da figura das fadas. Descubra quais povos se conectam com essa figura e quais eram suas crenças em relação a ela. Assim, quando for desenhar, vai misturar todas essas referências, e o resultado não ficará parecido com nenhum outro desenho já feito.

Meu processo criativo
(UM RELATO DRAMÁTICO, POR FERNANDA LONGONI)

É tarde da noite e eu estou tentando dormir (aquele momento em que todo o seu passado decide reaparecer na sua mente em formato de filme melodramático ao mesmo tempo que um futuro fantasioso começa a ser criado). No meio do turbilhão e absoluto caos que é minha mente, surge uma ideia. Meu cérebro cruzou um punhado de informações que encontrou perdidas na minha cabeça e pronto: ideia.

Nenhuma ideia nasce pronta. Talvez você pense nela tão rápido que, quando percebe, ela está lá, andando sobre duas pernas. No entanto, na maioria das vezes, as minhas ideias surgem como intenção. Algo brilhando atrás de uma névoa. Tenho que percorrer esse caminho com atenção e determinação para descobrir o que está escondido.

Depois de cruzar a neblina, às vezes o que eu encontro é um sentimento todo encolhido (imagine aqui o Harry Potter encontrando o pequeno Voldemort todo enrugado no chão da estação King Cross da cabeça dele – *ew*!). Outras vezes dou de cara com um fragmento da minha vida, como uma cena, que eu preciso revisitar e analisar. Em outros dias me surge apenas uma simples palavra ou frase.

Se o que encontro é muito abstrato, tento colocar em palavras me perguntando coisas do tipo: "Como isso faz eu me sentir?", "De onde essa criaturinha enrugada veio?". Ou o meu preferido: busco analogias. Tento achar algo que já conheço, parecido com o que eu estou tentando traduzir para, assim, ficar mais claro até para mim mesma. Note que isso pode acontecer em segundos, ao longo de uma conversa com um amigo ou em uma sessão de terapia.

Pronto! Agora eu tenho uma ideia e me levanto na hora para anotá-la. Às vezes basta eu rabiscar em um papel, e está feito. Ela só queria ser vista e registrada, quem sabe seja útil no futuro. Porém, se é uma ideia importante, ela não me deixa em paz. Normalmente, quando se trata de arte, é um sentimento mais profundo e logo passo de querer criar para precisar criar. Eu preciso fazer algo a respeito, ou aquilo não sai da minha cabeça. Quanto antes eu colocar para fora, melhor.

Então chegou o momento de escolher qual linguagem vou usar para criar. Se as artes são línguas, eu adoro brincar com traduções. Acho fascinante a ideia de traduzir sentimentos em cores. Desenhar coisas invisíveis. Esculpir sabores. Cantar texturas. Podemos misturar tudo o que sabemos e confundir nossos sentidos. Agora que sei qual técnica vou usar ou quais vou testar, o que se segue é uma bagunça.

Acho lindo ver uma mesa toda desorganizada no fim do dia, cheia de materiais e restos do que aconteceu ali. Talvez exista uma nova criação, talvez não, pode ter sido tudo uma grande bagunça, mas sempre vale a pena, porque um dia criando é sempre um dia bem vivido.

*VOCÊ SEMPRE
PODE CRIAR.
CRIE, MESMO
QUE FIQUE
UMA MERDA.*

5
O PROCESSO CRIATIVO É UMA JORNADA
Como funciona um processo criativo

Todo processo criativo deixa uma trilha de pegadas que não conseguimos mais seguir de tão desbotadas que estão. O caminho vem sendo percorrido há anos, e as marcas no chão já estão cobertas de terra. O criativo que passou por ali usou toda a sua dedicação para continuar caminhando apesar dos obstáculos e deu saltos quando foi necessário. Saltos de fé e de coragem que o levaram mais longe. Ideias arriscadas e autênticas com as quais ele decidiu seguir sem nenhuma certeza de que dariam certo. Ninguém mais traçaria tal trajeto, já que ninguém mais partiu do mesmo ponto e com as mesmas opções. Estamos todos tropeçando no escuro e tentando tomar as melhores decisões possíveis, torcendo para que nossas ideias nos levem além.

1. Eureka! Você teve uma ideia;
2. começa a trabalhar nessa ideia;
3. dá os toques finais;
4. está pronta sua criação!

Esse mundo seria lindo. Um tanto quanto entediante, mas fofo. A realidade, porém, é algo do tipo:

1. Uma vaga ideia surge;
2. você tenta entender a própria ideia;
3. maravilha! Você está empolgada com ela;
4. fala a ideia em voz alta para alguém e vê que não é tão boa assim;
5. pensa mais um pouco;
6. começa a trabalhar nela;
7. dúvidas e inseguranças surgem;
8. deixa tudo de lado por um tempo;
9. volta e corrige alguns detalhes;
10. caos! Agora você odeia tudo;
11. vai comer alguma coisa;
12. volta e trabalha mais um pouquinho;
13. começa a gostar do que está surgindo;
14. a insegurança volta;
15. você corre para terminar logo antes que mude de ideia;
16. fim;
17. se está pronto? Você não sabe ainda, mas não aguenta mais.

O processo criativo de cada um é individual e está sempre mudando. A forma como criamos e trabalhamos é influenciada por nosso humor no dia, pela quantidade de tempo que temos disponível e até mesmo se o dia está ensolarado ou chuvoso. Quando estamos relaxados, somos mais criativos e abraçamos nossos erros. Ansiedade nos deixa impacientes e faz com que sejamos duros com o resultado final. É normal sermos atingidos por dúvidas, inseguranças e medo na hora de produzir. A única coisa que a criatividade nos exige é que continuemos criando apesar disso. Seguir em frente é tudo que precisamos fazer.

CAMINHOS DA CRIAÇÃO

Você não precisa saber o que quer dizer antes de começar ou ter uma visão clara do resultado. Comece e descubra no percurso. Os caminhos da criação são vários:

1. Você pode imaginar algo e criar aquilo (dificilmente vai ser exatamente como idealizou, mas pode ser muito próximo).

2. Você pode imaginar algo, começar a criar e acabar transformando em algo diferente.

3. Você pode começar com uma ideia muito vaga e então descobrir mais sobre ela no caminho, enquanto cria.

4. Você pode não ter uma ideia, mas se sentar, criar uma bagunça e então começar a editar até transformar em algo.

FAÇA UMA BAGUNÇA

É muito mais fácil editar algo do que começar do zero, até porque, em geral, esse começar do zero não existe como imaginamos. Na maioria das vezes esse começo vai ser uma bagunça que, depois, você edita. Podemos achar que grandes artistas têm traços precisos e todos foram perfeitamente calculados, mas eles são consequência de milhares de telas bagunçadas e melhoradas. Jogue um pouco de cor e comece a pintar a partir dali. Você pode corrigir ou mudar de direção. Faça uma bagunça. É assim que surge o material, essa espécie de recurso limitado que impulsiona a criatividade. Ela é o norte de que você precisa para começar.

Será que sempre é possível fazer essa bagunça? Jogar um pouco de argila na mesa de casa e moldar é uma coisa, trabalhar com orçamentos altos e centenas de pessoas é outra. Em entrevista, Taika Waititi, diretor de filmes como *Jojo Rabbit* e *Thor: Ragnarok*, disse que no início do seu processo não faz ideia de qual será o tema dos seus filmes. Ele escreve, grava e na hora de editar é que a história começa a ganhar vida. Mesmo com uma organização de primeira e planejamento sério, o processo de Taika não deixa de ser uma bagunça.

Como qualquer outro criativo, ele trabalha com o caos. Quando você observar uma bela arte brilhante e aparentemente impecável, lembre-se: é uma bagunça bem editada.

EDITE SEM PIEDADE

Costumávamos pensar que o processo de escrever um livro envolveria pensamentos fluindo com clareza e palavras sendo delicadamente colocadas lado a lado, com precisão. Talvez houvesse um ou outro erro que seria prontamente corrigido com a tecla de apagar. A realidade se mostrou outra. Ideias para todos os lados. Textos começados e não finalizados. Rascunhos antigos de projetos diferentes. O início de outro livro. Anotações com apenas duas frases. Um *post-it* com uma palavra misteriosa diretamente de 2017. Tudo foi útil no fim. Todo esse material foi a argila que viríamos a esculpir. Isso só deu certo porque há anos registramos nossas ideias.

Nós precisamos de palavras para saber o que dizer. Criar é esse sistema que se retroalimenta de querer dizer algo, procurar palavras, descobri-las e, então, conseguir dizer alguma coisa a respeito. Uma frase achada na internet acompanhou esse processo: "Escreva sem medo e edite sem piedade". É sobre jogar as palavras no papel e não se apegar, cortando e apagando tudo o que não for necessário. Para descobrir o que é essencial, usamos a lógica do "menos é mais". Como passar essa mensagem da forma mais clara possível? Não é uma regra matemática, é sobre ser objetivo na subjetividade. Por exemplo, textos poéticos podem precisar de mais palavras, mas elas devem estar ali por serem necessárias ao contexto. É sobre tirar o ruído e deixar a melodia. Quando a criação começa a tomar forma, passamos a perguntar do que ela precisa e, então, deletamos o que não serve.

CONSTRUA UMA BÚSSOLA

Ao longo do caminho, pode ser difícil navegar no meio da bagunça sem perder o rumo. Por isso, precisamos de clareza para enxergar melhor nossas ideias e para comunicá-las a outras pessoas.

Para alcançar essa clareza, gostamos de construir o que chamamos de "bússola" logo no início de nossos projetos criativos. Ao responder a estas simples perguntas, definimos nossas reais expectativas e, assim, podemos seguir nosso propósito de forma mais direcionada.

- Por que eu escolhi essa ideia?
- O que vai me mostrar que alcancei meu objetivo?
- Sonho bônus: o que aconteceria se desse muito certo?

O seu porquê é o motivo por trás da ideia, é seu propósito para trazê-la ao mundo, e aí está o seu toque especial. Durante o processo criativo, teremos que fazer escolhas quanto a qual caminho seguir. Ter um propósito claro ajuda a fazer as escolhas certas, alcançar seu objetivo e manter sua autenticidade.

Ter nosso propósito claro em mente já fez com que mudássemos nossa rota antes que ela nos levasse para o caminho errado. Quando criamos o Empório Femingos, não tínhamos clareza sobre nossos objetivos ainda, então fizemos alguns produtos como *prints* (cópias de ilustrações artísticas) e uma *ecobag* sobre vegetarianismo. No entanto, ao longo do tempo, percebemos que o nosso propósito é incentivar que as pessoas criem. Por isso, chegamos à conclusão de que não fazia tanto sentido vender produtos prontos, e sim focar naqueles que permitem que cada um crie as próprias pinturas, colagens e desenhos. Então paramos de produzir os *prints* e a *ecobag* e lançamos produtos como *sketchbooks*, cadernos especiais e livros de recortes. Isso não quer dizer que o outro caminho estivesse errado, mas que o novo rumo faz mais sentido para nós. Amanhã podemos mudar de ideia outra vez, mas, independentemente do que decidirmos criar, o propósito sempre estará lá.

Já a segunda pergunta nos ajuda a lidar com uma possível insatisfação eterna. Sem um objetivo claro em mente, nunca sentiremos que o alcançamos. Precisamos de metas concretas para visualizarmos nossas conquistas. Quando não sabemos qual é o nosso objetivo com uma criação, tendemos a subestimar o resultado e nos sentir frustrados.

Por fim, sonhar é de graça, e registrar nossos sonhos pode nos ajudar a corrermos atrás deles e também lembrarmos quem éramos quando começamos o processo criativo. O legal é sonhar grande por diversão e com esperança, sem deixar de celebrar as pequenas vitórias do dia a dia.

Nossa bússola para este livro:

✦ Por que escolhemos essa ideia?

Queremos registrar e compartilhar as ideias sobre criatividade que mudaram nossa vida.

✦ O que nos mostrará que alcançamos nosso objetivo?

Quando soubermos que, ao ler, alguém se sentiu inspirado e capaz de criar.

✦ Sonho bônus: o que aconteceria se desse muito certo?

Nosso livro pode ser publicado em outras línguas, alcançando mais pessoas.

Note que a clareza se manifesta por meio da objetividade na comunicação. Muitas vezes acreditamos enxergar de forma clara nossa ideia, mas na hora de contá-la a alguém acabamos nos perdendo e ficando confusos. Ir direto ao ponto pode ser vital na hora de vender sua ideia ou achar um colaborador, por isso é bom ter preparado seu "discurso de elevador". Esse termo vem da área dos negócios e significa uma rápida apresentação quando se tem pouco tempo para atrair o interesse de alguém. É quando você consegue resumir sua ideia ao máximo sem perder a essência. O discurso não pode ser vago, você tem que ser direto e atrair a curiosidade da pessoa para que ela queira saber mais. Se não conseguir fazer o discurso de elevador, isso significa que a ideia ainda não está clara o bastante.

Por exemplo, poderíamos dizer que este livro é sobre criatividade, mas isso seria muito vago. Há diversos tipos de livros sobre criatividade e o interlocutor não teria uma noção real da nossa obra com essa descrição. Então, para deixar mais claro, nosso discurso de elevador seria: este livro mostra que todos somos criativos e ensina a utilizar a criatividade desde em pequenos projetos até nas grandes decisões de vida.

PLANEJAMENTO

Depois de termos mais clareza em relação à nossa ideia, buscamos meios de torná-la realidade. Nessa fase, a criatividade será muito necessária. Nunca teremos recursos ilimitados para colocar nossas ideias em prática. Na verdade, normalmente eles são bem limitados. Então temos que achar maneiras de usar nossos recursos financeiros, materiais e até o tempo disponível no momento. Para isso, flexibilidade também é muito importante. Olhando de forma realista, talvez neste momento você não consiga escrever um livro inteiro como gostaria, mas pode começar com contos menores, publicando-os nas redes sociais, por exemplo. Não é sobre abandonar o sonho maior, mas começar a construir o caminho até ele.

 Quanto maior e mais complexa sua ideia for, mais necessário será um planejamento. Por vezes, projetos criativos são vistos como grandes brincadeiras e a mais pura liberdade artística, quando o verdadeiro trabalho criativo se encontra em trazer o que se imaginou para a realidade. Criatividade sem organização é só imaginação. O trabalho de verdade é prático e composto de muitas etapas.

CRIATIVIDADE SEM ORGANIZAÇÃO É SÓ IMAGINAÇÃO.

Com a ideia clara em mente, o planejamento fica mais fácil. Imagine todas as grandes etapas necessárias na execução do seu projeto, quebre-as em etapas ainda menores e anote. Tenha objetivos claros aqui, "começar a desenhar" não vai te dizer muito, mas "fazer o rascunho da primeira cena da minha história em quadrinhos" torna mais tangível e possível. Você não consegue riscar da sua lista de tarefas "aprender a pintar", porém "pintar uma aquarela por semana" é possível de realizar.

Uma dica valiosa quanto ao planejamento é começar anotando de trás para a frente. Primeiro, a última etapa, ou seja, quando o projeto estará pronto. Depois a etapa que tem que vir logo antes de o projeto ser finalizado, depois a etapa anterior, e assim por diante. É muito importante incluir datas, começando de trás para a frente também. Sem uma data definida, nós temos a forte tendência de postergar e nunca finalizar nosso projeto. Aqui está um exemplo do planejamento para este livro:

Fim

Lançamento do livro
Impressão
Planejamento do lançamento
Aprovação da capa
Envio de alterações da capa
Envio do livro corrigido
Revisão
Finalizar o material
Revisão
Escrever o livro
Assinar contrato
Envio do projeto
Entrar em contato com uma editora
Fazer o projeto do livro
Planejamento dos capítulos
Busca de referências para o livro

Começo

Assim que sua ideia estiver dividida em etapas, em ordem e com datas, basta seguir o cronograma da melhor forma que conseguir. Nenhum planejamento é perfeito, novas etapas que você desconhecia surgirão e imprevistos acontecem, mas já serve como um guia importante para avançar no caminho certo. O processo criativo não é linear, em alguns momentos você pode ter que dar um passo atrás para então continuar em frente, e está tudo bem. Ir e voltar nas etapas faz parte. O importante é você se relacionar de forma leve com esse processo, que serve para ajudar, não para impor cobranças.

Nós muitas vezes não conseguimos manter as datas do planejamento, mas estamos aprendendo com o tempo a fazer um cronograma mais realista. O ideal é colocar alguma folga nas datas, pois essa não é a hora de ser otimista e subestimar o tempo que as coisas demoram para serem feitas. Mas não se preocupe, é melhor se atrasar do que parar o projeto completamente por estar esgotada. Além disso, quando colocamos metas realistas para nós mesmos e conseguimos cumpri-las, isso aumenta nossa autoconfiança. Vemos que realmente conseguimos tirar ideias do papel, e isso nos dá mais motivação para realizar ideias cada vez maiores. Mais do que o resultado, o que importa de verdade é se manter em movimento.

PARCERIAS CRIATIVAS

Criar tem relação direta com colaboração. Se criamos a partir de outras ideias, naturalmente colaboramos com criativos que vieram antes de nós. De forma contraditória, o trabalho criativo também é muito solitário. Porque criar é pensar, e isso se faz sozinho, em sua mente. Acreditamos demais no poder de parcerias criativas (como este livro), mas o trabalho duro da pessoa criativa se faz sozinho. Nosso processo como dupla de autoras começa com ideias individuais, então nos reunimos para discuti-las e aperfeiçoá-las e depois nos separamos novamente para escrevermos sozinhas. Em outro momento nos juntamos, mostramos o que produzimos, e o ciclo se repete. Escrever é individual, criar este livro foi coletivo.

Mesmo sozinha, a pessoa criativa trabalha sempre com dois papéis em mente: o sonhador e o realista. Parte de nós precisa se permitir sonhar e voar enquanto outra parte fica responsável por analisar e descobrir como trazer isso para a realidade. Cada uma precisa de seu tempo e seu espaço. É um eterno jogo de bate e volta entre essas duas mentalidades. Quando é hora de sonhar, os julgamentos precisam ser suspensos; assim que o realista chega, porém, passa a ser sobre colocar os pés no chão e a mão na massa.

Ao longo de um processo criativo podemos precisar de ajuda. Uma parceria criativa pode nos ajudar com um apoio prático, produtivo ou emocional, e para isso é necessária a pessoa certa. Busque gente capaz de lhe dar um feedback honesto quando necessário e que aceite ouvir opiniões da mesma forma. Não existe hierarquia no trabalho criativo, todos precisam se sentir aptos a compartilhar ideias. Por isso, um time criativo precisa estar em harmonia sobre quais são os momentos de sonhar e quando é hora de criticar. Julgamentos antes da hora podem sufocar e matar uma ideia. Já a falta de supervisão crítica pode criar um projeto que nunca sairá do papel.

É comum que, sem perceber, nós mesmos acabemos criando muitos impedimentos na hora de começar. Esperamos ter um celular melhor para fotografar, as tintas mais caras para pintar e queremos ter muitos seguidores antes de gravar vídeos. Queremos achar a pessoa perfeita para apoiar nossa ideia, quando nem nós acreditamos nela ainda. Essa é uma maneira inconsciente de postergar nossa saída da zona de conforto. Nós vamos empurrando nossos projetos e sonhos para um futuro em que teríamos as condições perfeitas para criar. No entanto, esse momento nunca vai chegar. Ou seja, o importante é começar. Acredite ou não, o Universo quer que a gente realize nossos sonhos – por isso as coisas começam a conspirar a nosso favor quando temos a coragem de dar o primeiro passo.

6
ESTRADA INTERDITADA
Como superar os obstáculos no caminho

Uma vez no processo criativo, obstáculos irão surgir. Fácil é consumir coisas prontas, e é isso que a maioria das pessoas escolhe fazer. O objetivo da criatividade é justamente encontrar soluções para problemas, então é com problemas que podemos contar. É mais cômodo desistir, mas precisamos lembrar que são as ideias que trazemos ao mundo que fazem diferença em nossa vida.

Em vez de tentarmos contornar nossos obstáculos de olhos vendados, é mais eficiente encará-los de frente. Problemas e frustrações fazem parte de todo processo criativo e só serão um impedimento quando não quisermos lidar com eles. Se estivermos preparados, será só mais uma etapa do planejamento a ser concluída.

Quando entramos no mundo da criatividade e queremos criar algo para nós mesmos, o primeiro obstáculo com o qual costumamos esbarrar é a falta de tempo. Temos inúmeras obrigações a cumprir no nosso dia e conseguir terminá-las já é um desafio. Então como podemos achar tempo para criar?

Diga "não"

Precisamos de criatividade para lidarmos com os recursos disponíveis no momento, e um deles é o tempo. A realidade de cada um é diferente, mas o tempo é finito para todos, e cabe a nós administrá-lo. O melhor é sermos realistas em relação a quanto conseguimos investir na nossa ideia. Se são quinze minutos por dia, não tem problema; o importante é ter o horário reservado na agenda. Se você acha que não tem esse tempo disponível, aconselhamos a olhar seu tempo médio de uso das redes sociais. Depois disso, que tal usar metade desse tempo para trabalhar na sua criação?

Além disso, para termos tempo de executar uma ideia, precisamos dizer "não" para muitas outras. Várias ideias medianas precisam ser descartadas para transformar uma boa ideia em uma ótima. O criativo precisa saber dizer "não". Não para a preguiça. Não para imitar o que está todo mundo fazendo. Não para expectativas alheias. Não para comparações. Não para opiniões maldosas. Não para todas as coisas que nos fazem perder tempo. Lembre-se: seu tempo é precioso.

Também precisamos dizer "não" para convites e oportunidades legais, mas que não são maravilhosos ou imprescindíveis. É mais fácil dizer "não" para algo que é claramente ruim do que ter que negar algo bom em busca de algo ainda melhor. Isso se chama priorizar, e é fundamental para realizar qualquer coisa. Ao definirmos nossas prioridades, estamos honrando nossos sonhos e necessidades. É como olhar para si e falar "ok, não tem como fazer tudo, então vou dar conta de um objetivo por vez. Vamos lá, eu consigo". Eis uma forma muito prática de cuidar de si mesmo. Escolha sabiamente suas prioridades, porque você vai chegar aonde elas o levarem.

Se você tem dificuldade em dizer "não" por medo de ser inconveniente ou chatear alguém, saiba que, ao evitar essa palavra, a primeira pessoa magoada é você mesmo. Pode ser mais fácil do que parece.

— Não.
— Eu não posso.
— Eu não quero.
— Eu não vou.
— Preciso de um tempo sozinha.
— Obrigada, mas hoje não.
— Preciso focar e tirar minha ideia do papel.

SIGA SEU RITMO

Seguir o próprio ritmo é um dos desafios que encontraremos, já que tudo ao redor parece acelerar a cada dia. Ter dificuldade em lidar com a ansiedade é cada vez mais comum. Queremos fazer tudo e queremos fazer rápido. Não importa quanto a gente corra, nunca sentimos que é suficiente. Começamos muitas coisas diferentes, logo enjoamos e partimos para a próxima. Esse ritmo nos deixa ocupados e exaustos. A verdade é que criações demandam tempo e paciência, não dá para apressar.

Por isso, procure criar um ritmo saudável que o mantenha em movimento, sem se esgotar. Lazer e descanso são necessários para nossa saúde física e mental. Faça pausas sem peso na consciência. Descansar com culpa não é descansar.

DESCANSAR COM CULPA NÃO É DESCANSAR.

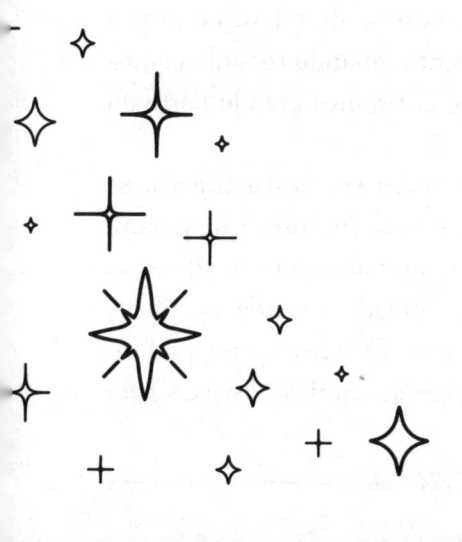

Aqui as expectativas realistas também são importantes. Você está cansado demais nos fins de semana e só quer descansar? Então descanse. Na segunda-feira você terá mais energia para voltar a criar. Se alguém parece avançar muito mais rápido e você se sente atrasado só de olhar, lembre que você não conhece aquela rotina ou as consequências de viver assim. O segredo é criar seu próprio ritmo e respeitá-lo.

AS VOZES EM SUA CABEÇA

Os maiores obstáculos do processo criativo se encontram dentro de nós. Muitas vezes nossos medos nos impedem até mesmo de começar. Ter medo é normal; o problema é quando acreditamos em tudo que ele diz. Quando sabemos com quem estamos lidando, é mais fácil detectar segundas intenções. O medo se esconde atrás dos obstáculos que encontramos e, em vez de culpá-lo, colocamos a culpa na falta de tempo, de recursos, de talento e nunca saímos do lugar. No entanto, quando reconhecemos o que o medo realmente é, tiramos grande parte do seu poder.

Temos dois tipos de vozes em nossa cabeça: as que gritam e as que sussurram. As vozes que gritam, esperneiam e querem chamar atenção são filhas do medo. Ele tem uma quantidade absurda de filhas, diferentes umas das outras. O passatempo preferido delas é imaginar os piores cenários possíveis para cada situação, e elas preferem ficar sempre no mesmo lugar. Não são necessariamente más, pois tudo o que querem é nos proteger. Sabe o Marlin, pai do Nemo? As filhas do medo são exatamente iguais a ele. Na busca por nos proteger, acabam impedindo que a gente faça qualquer coisa interessante na vida.

Agora, a voz que sussurra é a intuição. Ela fala com a gente baixinho, dia após dia, mostrando o caminho para o lugar a que sempre quisemos ir. Ela é como a avó da Moana. Sábia, paciente, mas um pouco doida. Sempre que a gente tenta entender o que ela está dizendo, as filhas do medo começam a gritar: "Cala a boca, velha maluca!". Se você não consegue entender os próprios pensamentos, não é à toa. No meio de todo esse barulho, lá estamos nós. Olhando de um lado para o outro, tentando escutar todo mundo, até que ficamos tontos e imploramos por silêncio. A intuição costuma se calar nesse momento, mas as filhas do medo estão só começando.

Está na hora de revelarmos um segredo: existe uma sala especial. Lá dentro as paredes são em tom pastel e toca baixinho uma música zen. Porém, há uma regra de uso. Você só pode entrar sozinha e não pode levar nada. Nem o seu celular. Quem sabe, da próxima vez que precisar de um pouco de silêncio, vá tomar um café nessa sala. Devemos avisar que, mesmo com a porta fechada, ainda será possível escutar as filhas do medo gritando, mas pelo menos não tão estridentes. No entanto, se você tiver sorte, pode acabar encontrando a intuição por lá.

O pavor de se expor
(DE AMANDA LONGONI PARA OS QUE ACHAM QUE PASSARÃO VERGONHA)

Para cada pessoa, uma das filhas do medo fala mais alto. A que eu mais escuto é a que tem um medo enorme de se expor, porque ela sempre acha que passaremos vergonha. Não importa quantas vezes eu tente argumentar e explicar que as pessoas não se importam com o que a gente faz da vida, ela sempre me apavora.

Na minha adolescência, eu me achava no direito de julgar mentalmente a maneira das outras pessoas se vestirem e se comportarem. Foi só depois de diminuir esse hábito que me dei conta: isso era um reflexo da minha insegurança e eu me julgava na mesma medida em que julgava os outros. Afinal, se eu apontava tantos "defeitos" nos outros, achava que todos apontariam os meus também. Precisou de mais tempo do que gostaria de admitir para eu enfim perceber que as pessoas estão preocupadas com a própria vida, não com a minha. Foi só então que finalmente pude soltar grande parte do peso que esse medo me fazia carregar.

A primeira vez que trabalhei com vídeos foi quando criamos nosso curso sobre criatividade. Gravamos durante vários dias e, mesmo assim, depois de cada gravação, eu ficava em pânico me perguntando se estava bom ou se as pessoas iriam odiar (na minha cabeça só havia essas duas opções). Em alguns momentos, o medo da exposição era tanto que sentia vontade de deletar todos os vídeos e jogar tudo para o alto.

Por isso o autoconhecimento é tão importante: com ele aprendi a identificar quando é o meu medo falando.

Obviamente não quero falhar e não quero passar vergonha, como tenho certeza de que você também não quer, mas descobri que não preciso pedir permissão aos meus sentimentos para fazer algo, posso fazer independentemente deles. Como tudo na vida, nossas limitações são passageiras, e a única forma de superá-las é continuar criando. No fim do dia, só precisamos entender que o nosso alvo não deve estar na perfeição, e sim em fazermos o nosso melhor naquele momento. Uma ideia boa no mundo é melhor do que uma ideia perfeita na cabeça.

*UMA IDEIA BOA
NO MUNDO É MELHOR
DO QUE UMA IDEIA
PERFEITA NA CABEÇA.*

O MEDO DO "E SE"?

Sempre tivemos medo de nos arrependermos. A ideia de fazer algo e depois desejar não ter feito era absurdamente assustadora. Como uma pessoa poderia viver com tal culpa? O que estávamos prestes a descobrir era que, se nem tentássemos, seríamos eternamente assombradas pelo "e se". E se tivesse feito mais aulas de teatro? Poderia ser uma grande atriz. E se gravasse vídeos? Poderia criar uma comunidade on-line. E se pedisse demissão do emprego como dentista? Poderia encontrar algo que gosta de fazer. Todos os cenários possíveis passam como filmes em nossa cabeça.

Ou seja, é melhor tentar e se arrepender do que se arrepender de nem ter tentado. Esse segundo caso gera um sentimento vazio. Não tem como algo extraordinário acontecer se você nem tentar. E, no fim das contas, se terminar com o coração partido, pelo menos pode escrever uma música sobre isso, como Taylor Swift nos ensinou.

Os criativos têm medo de falhar, como todo mundo, mas têm mais medo ainda de não tentar. Esse sentimento não é do tipo que paralisa, ele motiva. É sobre se levantar e encarar. Se der errado, paciência! Tudo pode virar aprendizado ou piada no futuro. Porque coragem não é a ausência de medo. Pelo contrário. Coragem é seguir mesmo com medo. É olhar seus monstros nos olhos, colocá-los na mochila, fechar o zíper e continuar andando. Então, se você tem medo, já tem tudo de que precisa para ser uma pessoa corajosa.

O MONSTRO DO PERFECCIONISMO

Precisamos separar duas noções bem diferentes: uma coisa é querer fazer algo bem-feito, outra coisa é o perfeccionismo, que cria expectativas tão altas a ponto de nos impedir de começar. Nossa mente diz que, como não vamos atingir aquele resultado perfeito, não faz sentido tentar. O monstro do perfeccionismo gosta de se esconder em lugares escuros e, quando vê que estamos criando algo, ele nos mostra uma foto perfeita e diz com olhos vidrados e um sorriso assustador:

— Eu quero que fique assim.

A inspiração morre de medo dele. Então ela corre o mais rápido que pode, enquanto nós ficamos sentados ali. Tentamos sinalizar quão inconveniente ele está sendo, mas ele só nos encara de volta. Não preciso nem dizer que toda a vontade de criar desaparece; então, começamos a rolar o *feed* do Instagram para nos distrair daqueles olhos bizarros, e nossa criação fica pela metade. O negócio é o seguinte: o perfeccionismo não entende indiretas. Se queremos que ele vá embora, precisamos ser firmes e diretas. Você pode responder como bem entender, mas nossa sugestão é a seguinte:

— Não, minha criação não ficará perfeita e nem quero que fique. Vou fazer o melhor que posso agora, e isso é suficiente.

O perfeccionismo costuma virar as costas e ir embora. Por um tempo. Mas, claro, o perfeccionismo de uns é mais insistente e assustador do que de outros. Com o tempo você aprenderá a melhor forma de lidar com o seu. Inconscientemente, acreditamos que, se criarmos algo perfeito, não correremos o risco da desaprovação de outras pessoas ou de nós mesmos. Acreditamos que um dia alcançaremos esse ideal, mas que esse momento ainda não chegou. Para falar a verdade, nunca chegará, já que perfeição não é uma qualidade humana.

Colocar nossas ideias em ação pode ser assustador, porque não há segurança de que dará certo ou de que as pessoas irão gostar. Quando temos medo de ficar vulneráveis, usamos o perfeccionismo como uma máscara. O mais irônico é que cobramos de nós mesmos sermos perfeitos, mas nos interessamos pelas emoções verdadeiras, pelas falhas e pelos medos das outras pessoas. Adoramos ver a imperfeição dos outros, porque é assim que nos conectamos a eles. Então por que perder tempo e energia tentando esconder o que temos de mais interessante?

Um meio de começar a combater o perfeccionismo é observar nossas expectativas. A Amanda sempre diz que as expectativas dela são baixas para que possam ser superadas. A energia pesada que a decepção traz é difícil, então o melhor é criar expectativas realistas desde o início. Para saber se está nutrindo expectativas altas demais, pense se o que você exige de si é algo que teria coragem de demandar de seu melhor amigo. Nós costumamos ser nossos maiores críticos e tendemos a ser mais compreensivos e flexíveis com as outras pessoas. Tratamos melhor quem amamos e não temos o mesmo cuidado conosco. Por isso, quando se sentir prestes a entrar no ciclo do perfeccionismo, olhe para si como se estivesse de fora. O que diria a alguém que ama? Isso costuma nos trazer outra perspectiva, e passamos a enxergar a situação de forma mais leve.

Além disso, preste atenção na maneira como se refere a si mesmo. Talvez você já tenha dito que não é criativo, não é talentoso, não sabe escrever bem, não nasceu para desenhar... Nós criamos limites. O que dizemos para nós mesmos vai determinar o que conseguimos ou não fazer. Se você não acreditar que sabe escrever uma boa história, realmente não vai dar certo. A voz na nossa cabeça dizendo que não somos capazes muitas vezes nos convence disso.

Durante muito tempo a Amanda se prendeu à ideia de que não era criativa, pois era dentista e não fazia nenhum tipo de arte. Ela precisou romper com essa crença para perceber que tinha muitas ideias e já as colocava em prática. Foi nesse momento que se permitiu sair de um caminho tradicional que a sufocava para criar seu próprio rumo. A criatividade pode estar em qualquer área e em qualquer lugar. Não precisamos nos apegar a uma ideia de quem somos nem de quem fomos. Essa é a magia de podermos nos reinventar a qualquer momento.

A garota perfeita
(DE FERNANDA LONGONI PARA PERFECCIONISTAS)

Vivemos sempre de acordo com a história que contamos para nós mesmos e tomamos decisões baseadas na identidade que criamos, coisas como "eu sou boazinha" ou "eu não sou inteligente". Nós nos tornamos o que afirmamos ser, porque de fato acreditamos nisso. Existe algo de muito libertador em se enxergar como uma tela em branco. Eu não sou uma pessoa boa nem má. Estou constantemente tentando ser boa. Esse pensamento parece abrir espaço para o que realmente somos: trabalhos em andamento. Estou constantemente tentando ser gentil, mas posso ser rude e, nesse momento, peço desculpas. Existe aqui um lugar para errar, acertar e evoluir. Sempre em direção ao que queremos ser, mas nos perdoando se falharmos no caminho.

Uma das histórias mais tóxicas que já contei para mim mesma foi a de que eu era perfeita. Eu queria ser infalível e queria ser tudo o que esperavam de mim, mas isso só me fez mal, porque me afastava de quem eu realmente era. Escondi o que eu tinha de melhor, porque junto vinha o imperfeito. Tentei esconder o mais bonito e mais feio de mim: tentei esconder que sou humana. Falar menos, rir mais baixo, encolher a barriga, sorrir mais. Cobranças e mais cobranças em viver o papel da garota perfeita. A garota perfeita não chora. A garota perfeita não grita. Ela também não fala o que pensa nem entra em conflito. A aparência é impecável e recatada. Ela é dedicada e não se distrai com bobagens.

Com o tempo, o hábito de buscar a perfeição e ignorar os próprios sentimentos vai tornando você uma pessoa fria e distante, que não sente, e vai afastando quem deveria ser a prioridade: você. Ao tentar agradar aos outros, fui deixando de lado aquilo em que eu acreditava. Ser uma cópia barata dos outros só me trouxe insegurança e frustração. Hoje acredito que não há nada tão libertador quanto largar tudo o que os outros pensam e o que você mesma acredita ser verdade para ir em busca do que existe aí dentro. Descobrir do que você gosta e não gosta, no que você tem facilidade e no que tem dificuldade, suas forças e fraquezas, seu lado luz e seu lado sombra. Somos o todo. Somos feitos de contrastes e paradoxos. Incrivelmente complexos, mas, ainda assim, simples de muitas formas: queremos ser vistos, ouvidos e amados.

Somos telas em branco e podemos ser arte.

O MURO SOMBRIO DO BLOQUEIO CRIATIVO

Quando se fala em criatividade, logo surge o assunto do tal "bloqueio criativo", esse muro sombrio que se ergue em nossa cabeça nos separando de tudo que é criativo. Para lidar com essa força das trevas, primeiro precisamos entender por que ela surge. As causas são muitas: podemos bloquear nossa criatividade por colocarmos pressões estéticas ou financeiras em cima dela, por exemplo. Queremos que nossas criações sejam perfeitas (oi, perfeccionismo), nos rendam muito dinheiro e aplausos. Pronto. O processo criativo empaca porque já não existe a liberdade de testar e errar. Isso em geral acontece quando já definimos de início como a criação vai se parecer, qual vai ser sua finalidade e quando vai ser postada na internet para todo mundo ver. Como uma criança que cresce com a vida planejada pelos pais e se sente sufocada por tantas expectativas. Não tem problema sonhar, mas a criatividade precisa de espaço para se desenvolver sozinha, e o resultado pode surpreender.

O que chamam de bloqueio criativo também pode ser consequência de momentos de estresse e ansiedade. Trabalhamos com a nossa mente e, se ela não está bem, não devemos exigir tanto, precisamos antes cuidar da nossa saúde mental. Outra hipótese ainda mais comum é o cansaço. Não é apenas nosso corpo que demanda energia e precisa descansar; nosso psicológico e emocional também precisam desse tempo. Tratamos nosso cérebro como um recurso infinito e ilimitado, esperamos dele o comportamento de uma máquina incansável, mas ele carrega nossa humanidade.

Nem sempre estaremos inspirados, nem sempre vamos querer criar, e está tudo bem. O chamado ócio criativo é o momento de repouso que deve existir em qualquer processo criativo. Nossa mente precisa de tempo para relaxar e descansar, e só assim ela vai conseguir continuar criando. Queremos aproveitar a inspiração e trabalhar na ideia até a completa exaustão, mas mais importante do que terminar é nos mantermos em movimento. Por isso conhecer e respeitar o próprio ritmo é tão importante.

A ENCRUZILHADA DA INDECISÃO

É normal ter dúvidas sobre quais decisões tomar durante um projeto ou na vida. São incontáveis as possibilidades e os caminhos a serem seguidos. Normalmente não há uma escolha certa e outra errada, e sim a escolha mais adequada para você. Porém pode não ser tão fácil distinguir. Então, nesses momentos de indecisão, liste seus valores principais. Escolha no máximo três valores que são mais próximos a você neste momento e registre-os. Os nossos valores mais profundos neste momento são: liberdade, conexão e leveza. Quando estamos em dúvida sobre qual caminho escolher, podemos consultar nossos valores e refletir qual escolha está mais alinhada com eles. Por exemplo, se algo vai trazer liberdade, mas não conexão, não é uma boa ideia seguir por esse caminho. Conhecer seus valores é se conhecer melhor, e assim fica mais fácil tomar decisões que trarão felicidade.

Neste livro, dois temas são recorrentes: medo e amor. E não é por acaso. Tudo muda quando aprendemos que o oposto do amor não é ódio, mas o medo. Os sentimentos ruins derivam do medo, e tudo de melhor vem do amor. Sabendo disso, fica mais fácil entender os seres humanos. Os que passam noite e dia odiando são covardes, totalmente cegos pelos próprios medos, enquanto os corajosos fazem o trabalho duro de nadar contra a corrente e escolhem amar dia após dia. Esse paralelo de amor e medo também pode nos ajudar a tomar decisões. Quando estiver em uma encruzilhada, pare e pense: qual desses caminhos você escolheria por amor?

Tomar decisões é difícil. Ainda mais quando se passa por um sistema educacional que não nos deixa escolher livremente nem a hora de ir ao banheiro. Tudo já vem cronometrado e pré-decidido. Quando chegou a vez de a Fernanda decidir qual faculdade fazer e onde morar, ela se viu nessa encruzilhada.

Uma opção era ficar na cidade de que gostava, mas morando sozinha, e a outra era voltar a morar com a família em uma cidade de que não gostava. O desespero era tanto que recorreu ao oráculo do jovem moderno: Google. Angustiada e confusa, pesquisou "como tomar uma decisão". Após alguns textos lidos e palestras assistidas, uma frase ficou marcada: faça a sua escolha pensando em quem você quer ser.

Esse pensamento ajuda a enxergar com mais clareza suas opções. Ela acreditava que morar sozinha ia ajudar na carreira, porque teria mais espaço e menos interrupções para gravar seus vídeos; no entanto, não fazia sentido financeiramente. Nesse momento da vida, morar sozinha seria um capricho baseado em uma ilusão. Então ela entendeu: quem ela queria ser não prioriza a carreira antes das pessoas que ama. Pelo menos por ora, a decisão estava tomada.

Depois que o tempo passa, é fácil olhar para os problemas do passado e achar que eles eram pequenos e supérfluos, quando na época se mostraram verdadeiros desafios. É muito importante entendermos que tudo é passageiro e que as decisões não precisam ser tão definitivas e pesadas como imaginamos que são. Assim como no processo criativo, viver é uma questão de erros e acertos. Testar e descobrir o que funciona ou não, sabendo que podemos traçar um novo caminho. Tirar um pouco do peso das decisões traz a leveza necessária para seguirmos em frente.

7
ESTAÇÃO FINAL
Como finalizar sua ideia

Nós falamos muito sobre como se inspirar e trabalhar suas ideias, mas finalizar o processo é outra história. Para todo mundo que achou esse caminho muito "fadas e arco-íris" até aqui, chegou seu momento. Finalizar é sobre canalizar a força do ódio. Ok. Talvez não tanto, mas finalizar um projeto é o momento que mais exige determinação e objetividade. É sobre resiliência. A mais pura dedicação. Você correu a maratona, e a linha de chegada está bem ali – a maior parte já foi, mas esse é o ponto em que você está mais cansado. Você ainda pode desistir, de verdade, não iremos julgar. Queremos deixar claro que alguns projetos são abandonados e não significa que foram perda de tempo, porque todo processo nos ensina muito. No entanto, se ainda existe alguma curiosidade dentro de você, uma fagulha que seja, termine.

Faça o melhor que puder com os recursos que tem no momento, finalize sua ideia e siga em frente. Finalize para mostrar para si mesmo que consegue. Isso traz autoestima e nos deixa mais confiantes criativamente. Não seja perseguido pelo eterno "e se eu tivesse terminado?". Seja na escola, seja no trabalho, nós nos acostumamos a fazer somente aquilo que nos é cobrado.

Porém não haverá ninguém nos cobrando para terminar nossos projetos pessoais. Esse é um compromisso que fazemos com nós mesmos. Autoconfiança significa confiar em si, e por isso é tão importante manter nossos compromissos.

Não podemos esperar que outras pessoas nos motivem ou até mesmo nos apoiem, então precisamos aprender a automotivação. Só nós sabemos nosso propósito e nosso objetivo com nossas criações. Se esperarmos pelas condições perfeitas, nossas ideias nunca sairão do papel. Não podemos depender de ajuda e apoio para começarmos. É mais provável que alguém se interesse em participar do nosso projeto depois que começamos. Isso porque tendemos a acreditar nas ideias que já estão sendo colocadas em ação, não naquelas de que simplesmente ouvimos falar.

Lembre-se também de que, assim que você finalizar sua ideia, ela entrará para a lista de conquistas que você fez no capítulo 1. Uma ideia completa te mostra que você é capaz de criar, e isso traz mais autoconfiança na hora de colocar em ação ideias cada vez maiores. Não quer dizer que será fácil. Sabe quando um desenho está bom, mas tentamos melhorar e acabamos o estragando? É difícil saber a hora de parar, por isso precisamos de prazos. Coloque uma data-limite para terminar algo. Isso impede que você tente melhorar até estragar. A lei de Parkinson diz que uma tarefa se expande de modo a preencher o tempo disponível para sua realização. Isso quer dizer que, se você tem trinta dias para terminar algo, levará trinta dias. Porém, se tiver apenas uma semana, terminará em uma semana. Então se você não tiver um prazo, provavelmente não vai terminá-la.

A pressão de uma data-limite pode não ser divertida, mas nos ajuda a ativar o modo focado de nossa mente. Os procrastinadores que o digam. São nove da noite e o trabalho é para o dia seguinte às oito horas da manhã. Não existe mais opção, é o momento de finalizar. E os procrastinadores conseguem. A qualidade do trabalho é discutível, mas é finalizado. Isso porque a tensão gerada nos coloca em um modo de maior prontidão. Assim como quando os homens das cavernas estavam sendo perseguidos por tigres, o estresse foca a mente na resolução do problema. Não é hora de parar e cheirar as flores, é hora de correr.

Tudo em excesso faz mal. Hoje nossa sociedade vive estressada, e o resultado é uma série de problemas de saúde. Determine um prazo e se planeje para realizar tudo da melhor forma possível. Administre seu tempo para conseguir se dedicar a cada etapa, descansar e continuar trabalhando. Alternar o cérebro do modo disperso para o focado é a chave da criatividade. O modo disperso é quando você está relaxado e seu cérebro corre solto, conseguindo ser criativo. Já o focado é relacionado a concentração e objetividade. Esses dois modos de o cérebro operar fazem parte dos estudos da professora Barbara Oakley sobre como aprender a aprender. Ter esse conhecimento nos ajuda a explorar o potencial de nossa mente.

ESCUTE O PROJETO

O começo foi muito sobre suas vontades e necessidades, mas nessa parte do processo tudo muda. Agora é sobre aquilo de que o projeto precisa. Do que a ideia precisa. Do que o livro necessita. O que falta nesse filme. Sua atenção deve se voltar para a criação e deixar seu ego de lado. Talvez decisões difíceis tenham que ser tomadas, como apagar um capítulo inteiro que você adorou escrever ou cortar cenas lindas que não agregam em nada a narrativa do filme.

Você criou uma bela bagunça e é o momento de editar. Até então não se tinha uma ideia completa da obra, e esse é o ponto em que todos os elementos estão finalmente reunidos, ainda que misturados com elementos não essenciais. É hora de remover os excessos e deixar apenas a nata, *crème de la crème*. Aqui entram o acabamento e o refinamento que vão influenciar totalmente a qualidade da criação. Quanto mais prestar atenção aos detalhes, mais qualidade seu projeto terá. Como você deve ter percebido, somos fortes defensoras de que a energia colocada na criação reflete no produto final. Se você se divertiu no processo, isso ficará marcado. Se fez com carinho, pode ter certeza de que irá transparecer. Continue mesmo se fracassar.

Continue mesmo se estiver com preguiça. Continue mesmo que não se pareça com o que você tinha em mente no início. Diga "não" para outras coisas e continue. São as ideias que colocamos no mundo que podem nos trazer oportunidades que nunca imaginamos.

Nós começamos um podcast em 2019 sem pretensão nenhuma. Começamos porque sentimos vontade de compartilhar nossas conversas e pensamentos sobre criatividade. Imaginamos que talvez outras pessoas gostassem também, mas sinceramente não achamos que muita gente iria ouvir. Para nossa surpresa, a resposta foi bastante positiva. Muito mais do que números, os comentários e os depoimentos que recebemos foram incríveis. Nós vimos que outras pessoas também se interessavam em levar uma vida mais criativa, então montamos o curso Projeto Criativo. Ao pesquisar, estudar e estruturar as aulas, muitas questões ficaram ainda mais claras para nós, e foi só porque tínhamos esse conhecimento estruturado e validado que nos sentimos preparadas para escrever este livro.

Nossas criações estão conectadas, tudo o que fazemos gera aprendizado e abre espaço para criações futuras. Então não perca tempo pensando se vale a pena fazer algo. Se você sente vontade, faça. No mínimo você poderá adicionar essa experiência à sua bagagem cultural. Você é único. Há coisas que só você pode criar. Se você não colocar suas ideias em ação, sua visão de mundo e seus talentos ficarão escondidos. Cada criação sua é um presente para o mundo e pode inspirar alguém. Então não pare, não julgue, só crie.

***HÁ COISAS QUE SÓ
VOCÊ PODE CRIAR.***

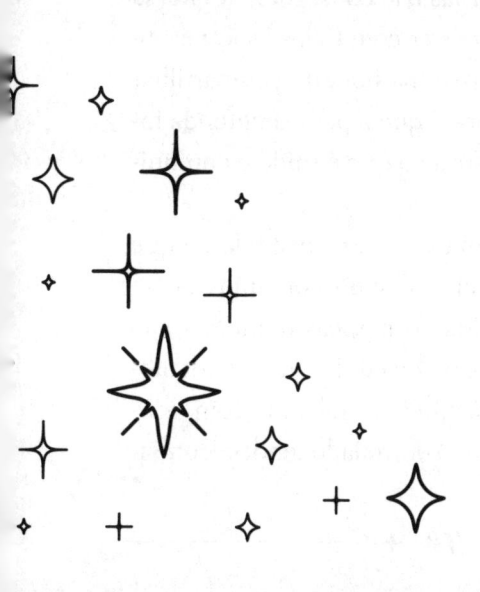

SUBINDO NO PALCO

Você só deve compartilhar sua ideia se quiser, não há nada de errado em criar para si mesmo. Tudo é aprendizado. Porém, ao compartilhar uma ideia com o mundo, podemos encontrar outras pessoas que pensam como nós, podemos nos expressar, inspirar alguém ou até mesmo fazer da nossa ideia uma profissão. A era digital tornou possível que mais pessoas tenham voz e compartilhem suas ideias, mas, ao mesmo tempo, são tantas pessoas falando que pode ser difícil se sentir ouvida.

Como já dissemos antes, a clareza de uma ideia é vital. E agora será ainda mais importante para a comunicação. As pessoas recebem tantas informações todos os dias que, ao transmitir uma mensagem, precisamos ser claros e objetivos. Temos a tendência de achar que as outras pessoas sabem o que estamos querendo dizer, mas elas não sabem. Elas não conseguem ler nossa mente, então precisamos dizer com todas as letras até o que parece óbvio. Por isso, na hora de compartilhar suas ideias, resuma de forma que a pessoa entenda facilmente. Tente eliminar tudo o que é ruído e comunique apenas o essencial.

As pessoas escutam mais "como" você fala do que "o que" você fala. Ou seja, quando contamos nossa ideia com timidez e dúvida, as pessoas tendem a não acreditar que ela será bem-sucedida, independentemente de quão boa seja. Quando falamos com confiança, inconscientemente o outro lado tende a confiar mais em nós e no que temos a dizer. Faz muito sentido ao pensarmos que, se nem nós estamos confiantes com a nossa ideia, como podemos esperar que os outros estejam? Por isso nossa atitude é tão importante quanto a mensagem.

Alguns criativos encontram apoio logo cedo em amigos e família, mas nós sabemos que pode ser difícil se expor até mesmo para as pessoas mais próximas. Por isso, faça o que tiver que fazer; se não quiser expor sua criação para conhecidos, você sempre pode ser anônimo. As redes sociais nos permitem mostrar nosso trabalho para pessoas que nunca vimos antes, e assim recebemos feedbacks sinceros. A palavra Femingos foi criada como um pseudônimo de Fernanda Longoni Domingos, uma forma de postar vídeos na internet sendo ela mesma, mas sem alcançar quem já a conhecia. Um novo nome nos dá coragem para sermos diferentes e cria o espaço de que precisamos para experimentar uma nova identidade. Isso dribla pressões sociais e até mesmo os limites que impomos a nós mesmos.

Uma persona artística tem sido usada por muitos *performers* ao longo do tempo. Como Beyoncé e sua faceta Sasha Fierce, que nada mais é do que uma personagem que ela criou para momentos em que precisa de força e autoconfiança, como ao subir no palco. Essa é uma forma de proteger quem você é enquanto se apresenta para o mundo. É uma ferramenta que os artistas usam para ampliar sua voz e serem mais do que eles mesmos. No entanto, existe um preço a pagar. Uma máscara pode proteger quem você é até certo ponto, mas, se deseja se conectar com outras pessoas, isso só é possível por meio da vulnerabilidade.

Pessoas se conectam com pessoas. A exposição é o preço que pagamos pela conexão humana. Para o público, é muito mais interessante conhecer a história do seu artista favorito, seus medos e seus anseios, do que simplesmente ver sua arte sem nenhum tipo de contexto. Nós somos atraídos por falhas e imperfeições, porque é assim que nos conectamos, através da nossa humanidade. Quanto mais você mostrar de si, mais as pessoas irão se interessar pelo que você tem a dizer e suas criações, mas mais vulnerável você estará. Precisa existir um equilíbrio entre o que compartilhar e o que deixar privado. Balancear o que mostrar para se conectar e o que guardar para si mesmo é uma forma de autocuidado e amor-próprio.

Todo artista precisa aprender a se separar de suas criações para não levar críticas para o lado pessoal e viver em sofrimento. Afinal, o criativo é sempre muito mais que sua criação. Por mais autêntica que seja uma arte, ela nunca é capaz de capturar de uma vez só a complexidade do ser humano que está por trás dela. Você é mais do que aquilo que cria, e ninguém de fora te conhece tão bem quanto você. Críticas a suas criações devem permanecer críticas ao seu trabalho, sem envenenar o que você pensa de si mesmo. É importante saber filtrar. Críticas só serão construtivas quando vierem de alguém que quer ajudar, e cabe a você reconhecer e usar isso a seu favor.

Nós nos conectamos profundamente com o propósito dos outros. Quando vemos alguém seguindo um objetivo maior, sentimos vontade de apoiar. Muitas pessoas têm propósitos incríveis, porém não os compartilham claramente. Somos bombardeados por tantas informações na internet que não podemos supor que todos veem ou se lembram de tudo o que postamos. Seja qual for a criação que você está compartilhando, a clareza em comunicar seu propósito é essencial. Ele não precisa ser enorme e revolucionário, pode ser simples. Nosso propósito é mostrar para as pessoas que elas são criativas e que podem criar o próprio caminho. Por isso, sempre procuramos comunicar esse propósito claramente e segui-lo em tudo o que fazemos, seja na criação de produtos, nos vídeos, no podcast ou nos textos.

Quando compartilhamos nossas ideias, não sabemos qual será o resultado. Os gostos estão sempre mudando, e a criatividade é sempre um experimento. As pessoas tendem a não dar atenção para o que é comum demais, ao mesmo tempo que não gostam do que é muito disruptivo. A história do design é repleta de projetos que foram recusados pelo mercado no início por romperem demais com o que era familiar. Até hoje os e-books enfrentam muita resistência dos leitores fiéis aos livros em papel, mesmo tendo diversas vantagens, como ser mais leve, economizar espaço e dinheiro no longo prazo. Nossa percepção sobre inovações leva em consideração aspectos racionais e emotivos. Então, se a resposta das pessoas não for como você esperava, não leve para o lado pessoal. Nunca teremos a garantia de que outras pessoas irão gostar, mas também não sabemos qual impacto podemos ter na vida de alguém.

Quando criamos e compartilhamos, é como se disséssemos para outras pessoas que elas também são capazes. Quando encontramos nossa voz e a usamos, permitimos que mais gente faça o mesmo. Precisamos de exemplos. Precisamos ver pessoas parecidas conosco fazendo algo pela primeira vez para nos darmos conta de que aquilo é possível. Se ninguém fez o que você quer fazer, seja a primeira. Nunca sabemos o que pode servir de inspiração para outra pessoa. Quando compartilhamos o que criamos, alimentamos o ciclo da criatividade. A vulnerabilidade nos apavora, mas é através dela que costumamos ser recompensados com as maiores conexões e com as experiências mais profundas. Então, na dúvida, crie, se exponha, viva.

O MUNDO PRECISA DO SEU OLHAR

Cada pessoa possui uma visão de mundo. Somos criaturas limitadas com apenas cinco sentidos, então não conseguimos absorver todas as informações ao nosso redor. Absorvemos o pouco que vemos, ouvimos, provamos, cheiramos, sentimos e interpretamos como bem entendemos. Preenchemos as lacunas do conhecimento com suposições e crenças. Então nosso olhar é moldado por quem somos. Ele depende da época e do local onde nascemos, da família que temos e quais são nossas influências. O nosso olhar é fruto da nossa história, e todo criativo tem uma visão única e especial a compartilhar com o mundo.

Nós precisamos de todas as histórias. Por anos demais, ao ligar a TV, apenas se via gente de uma cor: branca. Um corpo: magro. Dois papéis sendo interpretados: feminino e masculino. Um único padrão de beleza sendo jogado na nossa cara a todo instante: loira, alta, magra, olhos azuis ou pequenas variações dessa mesma imagem. Quando a TV, a revista, o cinema e as propagandas apresentam sempre a mesma imagem, dia após dia, e nos dizem "isso é beleza", começamos a acreditar. O resultado são gerações de meninas alisando o cabelo, comendo menos e tentando se parecer com a Barbie.

Por muito tempo um pequeno grupo de pessoas tinha o controle de tudo o que líamos e assistíamos. Então a internet surgiu. O problema não foi solucionado de cara, mas agora pessoas comuns, como eu e você, podem ter voz. Podemos postar vídeos, fotos e nossas criações para quem quiser ver. Por enquanto não vamos entrar nas consequências negativas desse movimento, mas esse foi um marco histórico para nossa cultura. Pela primeira vez, podemos facilmente consumir conteúdo de outras culturas. Séries coreanas, filmes indianos, animações japonesas, palestras quenianas ou documentários paquistaneses estão disponíveis. O mundo ficou maior. Aos poucos vamos enxergando o que antes não conhecíamos, e isso é muito importante para entendermos de uma vez por todas que somos diferentes, ainda bem.

Enquanto ver sempre a mesma história sendo contada pelos mesmos rostos pode nos fazer sentir deslocados, desconectados e excluídos, narrativas diferentes nos fazem sentir abraçados, acolhidos e vistos. Nos vermos na tela e nos relacionarmos com o que está sendo dito é mais do que apenas inspirador, é forte e empoderador. Isso nos faz lembrar que não estamos tão sozinhos e que somos perfeitos em nossas imperfeições. A modelo gorda nos mostra que nosso corpo também é lindo. O atleta paraolímpico nos revela como somos fortes. O casal gay nos relembra do que é amor. A jornalista trans nos dá liberdade de sermos quem realmente somos. A atriz com deficiência nos encoraja a seguirmos nossos sonhos. A vereadora preta brilha no poder. A representatividade não é um favor para alguns, mas um presente para todos. Pinte o mundo de todas as cores, tamanhos e formatos. É nesse lugar que queremos viver.

Como Toni Morrison, a primeira escritora negra a receber o prêmio Nobel de Literatura, nos ensina: "Se tem um livro que você gostaria de ler, mas ainda não foi escrito, então você deve escrevê-lo".

8
TRILHE SEU PRÓPRIO CAMINHO

Como criar sua própria vida

Um belo dia acordamos e percebemos que o caminho traçado para nós não era nosso. Ele parece ter se desenrolando sozinho e não lembramos ao certo quem fez as escolhas. Bom ou ruim, não importa, o fato é que não era nosso. Nós queremos fazer nossas próprias escolhas e queremos estar conscientes quando as fizermos. Não queremos uma vida ao acaso, em um tropeço. Queremos pegá-la em nossas mãos e transformar em algo que tem a nossa cara e que reflete nossos sonhos.

É um belo caminho, mas, ainda assim, desafiador. Agora, sem o respaldo de uma manada indo na mesma direção, o criativo segue sozinho. Não existem diplomas para provar que somos criativos, não existe carimbo para atestar nosso valor e muito menos um GPS que nos diga que estamos no rumo certo. Por ser um caminho autêntico, ninguém o trilhou antes, então não existem atalhos nem um mapa de como prosseguir.

A maioria das pessoas não vai aplaudir nosso trajeto, mas, se formos bem-sucedidos, elas irão aparecer na linha de chegada. Não é por mal, é por medo. Até mesmo quem nos ama teme que façamos escolhas erradas e pode ter dificuldade em aceitar nossas rotas alternativas. Essas pessoas têm medo de que sejamos malsucedidos em nossas aventuras, e às vezes vamos ser. Não existem certezas. Vamos falhar e nos frustrar, mas até isso fica mais suportável quando é consequência de nossas escolhas. Só assim aprendemos.

ESCREVA SUA HISTÓRIA

Nós somos produto de nossas histórias. Não poderia ser diferente, porque tudo o que aconteceu já está feito. Nós vivemos da melhor forma possível. Mesmo quando erramos, estávamos tentando acertar. Se nosso melhor é tudo o que existe, por que nos culpar? Somos fruto desse estranho acaso que envolve onde nascemos, em que época, quem são nossos pais, como é nosso corpo etc. Está feito. Então quem somos hoje não poderia ser diferente, mas ainda temos poder sobre quem seremos amanhã.

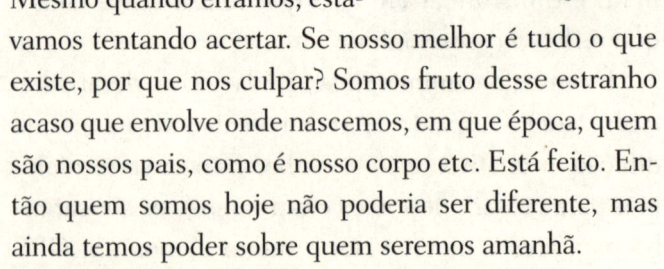

Nós escrevemos nossa história agora. O hoje será nosso passado amanhã. Tudo que escrevemos, criamos e trilhamos neste dia irá compor quem seremos a partir de então. Se não escrevermos nossa história, alguém vai escrever. As páginas desse livro parecem correr soltas e desenfreadas. Se não cuidarmos, nosso livro da vida passa de mão em mão e cada um que o pega vai dando pitaco e mexendo em uma linha diferente. Até que as folhas estão manchadas, rasuradas e já não sabemos mais o que se passa, em que capítulo estamos ou de quem é a história.

O despertar criativo é sobre pegar o livro da vida com as duas mãos, folhear as páginas com carinho e começar a escrever suas próprias palavras da forma que você bem entender. Esse livro. Essa história. Essa vida. É o que você tem de mais precioso. É o que te torna especial e diferente de todos os outros. Porque só existe uma pessoa exatamente como você, e se você não ocupar esse espaço, ele vai ficar vago para sempre.

SEU SUPERPODER

Usar sua história é o que gera autenticidade. Como já dissemos antes, ela é a chave do sucesso, o superpoder do criativo. Não existe um grande trabalho criativo sem autenticidade. Esse é um pré-requisito básico para uma boa criação. Quando se é autêntico, não existe competição. Ninguém nunca conseguiria vencê-lo em ser você. Quantas vezes corremos atrás de ser uma cópia dos outros e deixamos tudo o que temos de melhor para trás, esquecido? Não é preciso correr ou olhar para os lados. A única pessoa com quem você pode se comparar é com quem você era ontem.

Ao se comparar com outra pessoa, você desmerece a sua história e a do outro, jogando fora particularidades, desafios e realizações de cada um. É algo que nos atrasa e nos prejudica enquanto criativos. Utilizar a própria criatividade é ser autêntico. É beber da própria essência. É trazer ao mundo algo que até então estava escondido. Compartilhar sentimentos tão específicos de uma vida pode fazer com que milhares de pessoas se identifiquem e se conectem. Como é possível um sentimento tão particular de repente ser universal? Isso acontece porque é humano e é o que sempre vamos ter em comum.

Como sempre, a vida é cheia de paradoxos. Ao mesmo tempo que somos únicos em nossas particularidades, somos incrivelmente iguais em nossa humanidade. Somos seres sociais e temos a necessidade intrínseca de sermos compreendidos e amados. Ansiamos por conexão. Esse é nosso maior desejo e maior medo, capaz de nos deixar felizes ou tristes em segundos. Criamos redes sociais nessa busca e aos poucos estamos descobrindo que elas não funcionam como de fato gostaríamos, porque nos conectar nunca vai ser fácil como clicar em um botão.

É preciso ficar vulnerável para conseguir ver o outro e se deixar ser visto. Pode levar tempo. Exige estar presente. Pode incluir todos os nossos cinco sentidos. Existem níveis e camadas. Às vezes não são necessárias nem palavras. É um olhar, um sorriso ou uma risada compartilhada. A conexão não é eterna, mas mutável e flexível. Pode nos pegar de surpresa ou ser construída com o tempo. É impossível acontecer sem abertura, sem verdade, sem autenticidade. Nossas criações e nossas artes fazem isso pela gente. Elas carregam um pouco de quem somos, e é por causa dessa parte humana que as pessoas se conectam.

O QUE É SUCESSO PARA VOCÊ?

Quando falamos de criatividade, não estamos só falando de hobby ou profissão, mas de pensamento crítico. Quando crescemos, acabamos deixando a criatividade de lado. Isso pode prejudicar nossa vida adulta quando nos vemos caindo na armadilha de uma vida cheia de metas vazias a cumprir e uma medida de sucesso que nunca parecemos alcançar. O que aprendemos é que, ao tentar seguir a fórmula pronta de felicidade que nos é ensinada (faculdade, trabalho, casamento, casa, carros e filhos), podemos acabar nos afastando de nosso propósito primordial: simplesmente viver.

Percebemos que a definição de sucesso tradicional não faz sentido para nós. Levar um estilo de vida criativo é ter sua própria definição de sucesso e ir atrás dela. É parar de seguir a maré sem questionar e começar a tomar as próprias decisões. Somos seres muito diferentes, com gostos e necessidades particulares, e não faz sentido acreditarmos que uma única definição de sucesso vai trazer felicidade para todo mundo. Uma das mensagens passadas pela mídia por muito tempo é que fama e muito dinheiro geram felicidade. Você pode ter fama, muito dinheiro e depressão. Então, o que é sucesso para você?

Essa pode não ser uma resposta simples, mas com certeza vale a pena refletir sobre ela. E não só uma vez: ela precisa ser constantemente atualizada durante a vida. O que queríamos ontem pode não ser o mesmo desejo que nutriremos amanhã. Podemos realizar nosso sonho só para descobrir que não era nosso. Quanto antes descobrirmos a direção que de fato queremos seguir, menos tempo passaremos correndo atrás daquilo que pouco nos interessa. Sempre é tempo de recalcular a rota.

A curiosidade como guia

(DE AMANDA LONGONI PARA TODOS QUE NÃO TÊM UMA PAIXÃO)

Eu costumava acreditar que a vida seguia uma sequência lógica e linear de eventos. Acreditava que eu terminaria a faculdade, trabalharia como dentista, faria uma especialização, abriria minha própria clínica e seguiria assim pelo resto da vida. Aprendi que, para ter sucesso em algo, preciso focar completamente e não desviar do caminho. Eu era boa em dar meu 100% na faculdade, mas, assim que me formei, essa linearidade e previsibilidade da trajetória me deixou em pânico. Não era aquilo que eu queria.

Comecei a pensar: "Se eu não quero isso, o que eu quero?". Foi quando comecei a procurar pela minha paixão, queria encontrar algo que eu amasse o suficiente para não me tornar infeliz de novo. Pesquisei muito, tentei coisas diferentes, assisti a vídeos, conversei com pessoas, mas logo enjoava de tudo o que eu começava. Comecei a me desesperar quando percebi que eu não tinha uma paixão.

Foi só recentemente que descobri que toda essa intensidade não é necessária. A busca por algo tão grande só colocava uma pressão enorme sobre mim. Se você é apaixonado por algo e quer se dedicar 100% somente para isso, ótimo. Mas, se você não tem uma paixão, está tudo bem também, porque pode simplesmente seguir sua curiosidade. Ela vai guiá-lo por diferentes caminhos. Talvez a gente esteja trilhando um percurso interessante e depois de algum tempo nossa curiosidade aponte em outra direção, e tudo bem mudarmos de rumo. Para mim, essa é uma vida mais interessante e leve. Querer mudar não é sinal de fracasso, é sinal de evolução. Não teremos todas as respostas. A vida é feita de curvas estranhas, *loopings*, subidas difíceis, descidas íngremes, ruas sem saída e picos incríveis. A vida é tão mágica que não a explorar ao máximo seria um desperdício do curto tempo que temos aqui.

Espero de coração que você não se cobre tanto quanto eu, pois não é saudável nem nos leva mais longe. Eu já fui dentista, vendi terrários de suculentas, colares de biscuit, estudei libras, já tentei pintar, tocar gaita, morei sozinha, morei com uma amiga, voltei a morar com meus pais, estudei vendas, marketing, italiano, coreano, psicologia, trabalhei na administração de duas empresas, escrevi contos, abri uma loja on-line, criei um curso, gravei podcast, vídeos, participei de expedições, viajei e estou escrevendo um livro. Eu não faço ideia de como minha vida vai ser daqui para a frente, mas estou curiosa para descobrir.

O PODER DE ESCOLHA

Conhecer outras histórias de vida é como um lampejo de inspiração. Portas se abrem para um novo mundo. É tão fácil ficar focado apenas na própria rotina que esquecemos que agora mesmo existem pessoas plantando corais em uma ilha do Pacífico chamada Moorea. Tem gente morando em uma van com uma cobra de estimação. Alguns viajam pelo mundo gravando aulas de ioga. Aldeias indígenas seguem suas tradições seculares. Outros reformam castelos franceses. Uma professora larga seu emprego estável para se tornar guia turística no cerrado brasileiro. Há ainda quem tenha todos os seus pertences em apenas uma mochila. Isso não é sobre opção certa ou errada, mas sobre o poder da escolha.

Para uma vida criativa, não é preciso uma mudança radical. Não é sobre largar tudo e deixar para trás o que você construiu até aqui. Também não tem nada a ver com glamour ou uma mudança para o outro lado do globo. É simplesmente criar algo para chamar de seu. Montar uma rotina baseada em suas prioridades e suas necessidades. Adicionar pequenos momentos de conforto e alegria ao longo do dia. Acrescentar uma vez ou outra um desafio para sair da zona de conforto. Fazer planos em direção ao lugar a que você quer chegar. Para que, dia após dia, você corrija a rota para chegar mais perto do que te faz feliz. Quando você menos esperar, vai olhar para trás e ver a mudança radical que aconteceu.

TENHA UM HOBBY

Um dos jeitos mais práticos de acrescentar criatividade na sua vida é ter um hobby, uma atividade que você faz só porque quer, sem pressões externas nem obrigações. É seu momento de se divertir. E se um dia você acabar transformando o seu hobby em trabalho, ache outro hobby. Fazer algo de que gosta como profissão é maravilhoso, e seguir um caminho que você escolheu é muito recompensador. No entanto, tudo que você repete demais e sente que não tem a liberdade de largar quando quiser não é tão divertido assim. A pressão financeira sufoca a leveza. No fim do dia, trabalho é trabalho. Ache outro hobby.

Separe um tempo na rotina, nem que seja uma vez por semana, e brinque. Adultos também precisam brincar, assim como as crianças. Esse é seu momento de autocuidado e não deixa de ser um desenvolvimento pessoal, porque brincando também se aprende. Não precisa ser nada gigante, não se cobre demais. Podem ser esportes, jogos, jardinagem, cozinhar ou aprender diferentes línguas. Ou coisas como: produzir velas, terrários, miniaturas, *scrapbooks*, fazer tricô, crochê, tapetes ou bijuteria. Os artesanatos têm sido muito subestimados nos últimos tempos. Esquecemos que, antes de produzir utensílios em massa, os fazeres manuais eram nossa única forma de conseguirmos aquilo de que precisávamos. Os bens feitos à mão carregam em si cultura, história e afeto.

Criar por criar abre espaço na mente. É aqui que você vai experimentar o estado de *flow* e viver o presente. Isso vai lhe permitir se inspirar e continuar criando. Projetos pessoais e atividades divertidas fazem a manutenção da mente criativa.

9
A ARTE É POLIGLOTA
Como achar sua linguagem

É muito interessante como diferentes línguas têm expressões que não são só únicas, como intraduzíveis. Você pode achar um conjunto de palavras na sua língua que chegue perto, mas não é a mesma coisa. Mais do que apenas palavras, elas parecem ter esse repertório cultural atrelado a elas. Por exemplo, podemos tentar explicar para um estrangeiro que a palavra "gambiarra" significa "improvisar com os materiais disponíveis". No entanto, você precisa ter contato com a cultura brasileira para que, ao ouvir a palavra "gambiarra", sua cabeça automaticamente te direcione para aquelas fotos do Google de construções perigosamente improvisadas, imagens de churrascos sendo feitos em carrinhos de supermercado e pregos colocados em havaianas que perderam a tira. Porém não é só isso.

Nem sempre a gambiarra vai ser perigosa ou malfeita. Às vezes vai ser o jeito mais inteligente de aproveitar as coisas que você tem em casa para fazer o que precisa. A gambiarra é fruto de um país que sempre passou por dificuldades e aprendeu a sobreviver com o que tinha. Ela pode ser engraçada, inteligente ou elegante de um jeito que só o brasileiro entende. É o que a gente tem de melhor e de pior: nosso jeitinho brasileiro. É nossa mais pura criatividade. Então boa sorte ao tentar traduzir história, cultura e sentimento.

Da mesma forma, outras línguas possuem palavras igualmente intraduzíveis e interessantes.

Wabi-Sabi (japonês)
Um conceito que fala sobre a beleza da imperfeição.

Ya'aburnee (árabe)
"Você me enterra." A declaração de que prefere morrer a enterrar a pessoa amada, já que seria impossível viver sem ela.

Toska (russo)
Tristeza sem causa específica, uma melancolia que os russos acreditam ter herdado de seus ancestrais.

Ailyak (búlgaro)
A arte de fazer tudo de forma calma e sem pressa, aproveitando o processo.

Hygge (dinamarquês)
Uma sensação de aconchego, conforto e bem-estar.

Essas traduções são uma tentativa de expressar seus significados, mas é impossível descrevê-las em poucas linhas. Pense na palavra "saudade", um sentimento doce-amargo (que é mais doce ou mais amargo dependendo da ocasião) que a gente sente no peito ou às vezes até no meio da garganta. Nunca sabemos quando a saudade vai chegar, mas existe uma grande probabilidade de que seja logo antes de dormir. Pode ser feliz, triste, amorosa, esperançosa, desconcertante ou vazia. Provavelmente, tudo misturado. Como é bom ter uma palavra para nos ajudar a expressar tudo isso! Mas nem sempre vamos conseguir verbalizar o que sentimos. Para nossa sorte, temos outros tipos de linguagens: as artes.

TÉCNICA MAIS CRIATIVIDADE É ARTE

Ser criativo, praticar uma técnica artística e fazer arte são coisas diferentes. Ser criativo é um jeito de pensar. Uma técnica artística (como desenhar, escrever, pintar) é um conjunto de procedimentos. É sobre como usar os materiais e desenvolver sua habilidade, é sobre repetir para aprender e aplicar o que foi ensinado. Agora, juntar técnica com criatividade é fazer arte.

Cada autor vai ter sua definição diferente do que é a arte. Aqui diremos que é uma obra que carrega um pouco do artista em si. Nós podemos sempre discordar se aquele objeto parece arte ou não. Posso me conectar com algo que para você não diz nada, e isso muda na visão de cada um, mas existe uma aura diferente na arte que leva a essência do artista. Algo que não pode ser captado pelos cinco sentidos nem ser racionalizado. É um sentimento.

Nem toda arte é bonita, mas nem todo sentimento é bonito também, e isso não significa que não tenha beleza. Acreditamos que a verdadeira beleza é aquela que deixa uma impressão profunda na gente, como quando ouvimos uma música que nos emociona. É como se a arte fosse capaz de tocar em algo que vive escondido, algo que é familiar e existe dentro de cada um de nós. É triste pensar que algumas pessoas não conseguem apreciar arte, porque isso significa que não conseguem se conectar com esse lugar dentro delas mesmas. Talvez por nunca terem dado ouvidos ou por acreditarem cegamente que só existe o que se vê.

Aprender uma técnica artística todos conseguem, mas fazer arte demanda coragem. A coragem de ficar vulnerável primeiro para si e depois para os olhos dos outros. De reviver emoções da sua vida e colocar em uma página só para que alguém se sinta acolhido ou inspirado quando ler. Todo mundo pode fazer arte, todo mundo pode ser assim, mas poucos escolhem. Porque é mais fácil ignorar, ser indiferente, não ter empatia e não sentir. É preciso coragem para sentir tudo. Absolutamente tudo. Se expor não é confortável. É desconfortável, mas os artistas continuam tentando, porque o que os conforta é a arte.

A voz da arte

(DE FERNANDA LONGONI PARA QUEM NÃO CONSEGUE SE EXPRESSAR)

Muito pouco eu consigo te dizer com palavras, mas, se eu puder dançar, cantar, atuar, ilustrar, pintar, colar, tocar, performar, esculpir, quem sabe assim eu me faça entender. Eu enxergo as diferentes técnicas artísticas como línguas. E, enquanto você pode escolher uma e dominá-la profundamente pelo resto da vida, eu prefiro ser poliglota.

Entendo por que as pessoas se dedicam a uma única arte. Elas ficam boas nisso. Se tornam mestres. Passam a receber um título, aprovações e reconhecimentos sociais. Não sei como funciona na prática, mas acho muito bonito. De certa forma, eu sempre as invejei, porque chegar perto da perfeição é tentador; ao mesmo tempo, esse não é o caminho que me faz feliz. Eu gostaria que alguém tivesse me dito: tente tudo. Experimente vários tipos de arte e se divirta no caminho, porque agora, quando sinto vontade ou necessidade de expressar algo, vou atrás de qual linguagem vai exprimir melhor minha ideia.

E esse é o poder da arte. Dar voz a quem não consegue falar.

Eu sempre tive dificuldade em me comunicar, fui o tipo de criança que se escondia atrás da mãe e não olhava nos olhos por timidez. Na adolescência, eu sonhava com o dia em que ia conseguir falar com as pessoas da minha idade sem ficar nervosa. Apenas gente mais próxima, um círculo bem exclusivo, me conhecia de verdade.

Eu queria falar, queria fazer parte, queria mostrar quem eu era, mas simplesmente não conseguia. As palavras saíam errado, eu perdia o *timing* ou, para ser sincera, eu desistia de tentar. Então comecei a falar com uma câmera. Comecei a gravar vídeos não para os outros, mas para mim. Eu gravava porque era divertido. Porque eu conseguia me ver de uma forma que nunca tinha visto antes. Porque eu podia ser quem eu quisesse. Porque eu poderia editar se errasse. Porque lá eu conseguia falar.

Eu gravava para provar para mim mesma que era capaz. Para me mostrar quem eu poderia ser. Para descobrir quem eu queria ser. Até que, com a prática, eu me tornei essa pessoa. Tudo isso porque descobri uma língua que eu conseguia falar.

Você sabe o que os bebês e as crianças fazem quando não conseguem se comunicar? Eles choram. Eu reitero minha opinião de que adultos são crianças gigantes, porque, se não consigo me expressar, eu choro. Esse é o nível de importância que a comunicação tem para a gente. Ela nos dá liberdade ou nos paralisa. Nós somos seres sociais e sem comunicação estamos sozinhos. Isso é tão triste e frustrante que nos faz chorar.

Eu não estou dizendo que você deva fazer vídeos e postar na internet. Eu espero servir de inspiração para que você vá atrás de qual língua te ajuda a se expressar. Ou quais línguas te ajudam a encontrar sua própria expressão, para que você fale o que precisa falar e não precise mais chorar. *(Enquanto escrevo isso meus olhos enchem de lágrimas, não porque eu não consigo falar, mas pelo alívio de finalmente dizer tudo que eu preciso.)*

FAÇA ARTE

Nós nos apoiamos nas artes. Tanto ao criá-las quanto ao apreciá-las. A arte nos ajuda a entender e navegar a experiência humana. Ou apenas nos faz dançar, ou chorar, ou os dois ao mesmo tempo. Não existe certo nem errado. Colocar a sua criatividade em prática vai ajudar você a traçar seu caminho e se conectar com quem você realmente é; além disso, pode acabar ajudando mais alguém. Como a sensação absolutamente maravilhosa de ouvir uma música que diz exatamente o que estamos sentindo. Essa conexão acolhe e nos faz sentir menos sozinhos.

Caso você queira experimentar diferentes técnicas artísticas, criamos uma lista com algumas para você se inspirar. Saiba que cada material se comporta de forma diferente, então com cada um será uma experiência distinta. Também vale a pena misturar diferentes técnicas e materiais, criando *mixed media*.

- *DESENHAR (LÁPIS, NANQUIM, CARVÃO, GIZ PASTEL)*
- *PINTAR (MARCADORES, TINTAS OU DIGITAL)*
- *ESCULTURA COM ARGILA (BUSTOS E PERSONAGENS EM CLAY)*
- *FAZER MODELAGEM DIGITAL EM 3D*
- *CERÂMICA*
- *CRIAR DIORAMAS*
- *FAZER JOIAS E BIJUTERIAS*
- *COSTURAR ROUPAS*
- *ESCREVER (ROMANCES, POESIA, ROTEIROS)*
- *CRIAR HISTÓRIAS EM QUADRINHOS*
- *FAZER COLAGEM (ANALÓGICA OU DIGITAL)*
- *FOTOGRAFAR*
- *PRODUZIR VÍDEOS E FILMES*
- *CANTAR*
- *COMPOR MÚSICAS E TOCAR INSTRUMENTOS*
- *DANÇAR*
- *ATUAR*

10
VOCÊ NÃO ESTARÁ SOZINHO

Como encontrar outros criativos

Como tudo na vida, há consequências. Toda magia cobra seu preço. Ao seguir seu próprio caminho e buscar ser a maior expressão da sua própria essência, sua vida vai mudar para melhor, mas ainda haverá alguns desafios. Você será diferente. Agora não há quem culpar por seus erros e suas decisões, é tudo seu. Além disso, ao deixar de ser uma cópia, você renuncia à falsa sensação de segurança de ser como os outros. Não há mais muletas sociais. Vai ficar cada vez mais difícil encontrar aquela sensação de pertencimento, porque a grande maioria das pessoas ainda está vivendo no automático e é difícil para elas entender quem é diferente.

Algo extremamente inquietante é que você pode deixar de se identificar até com os seus amigos. Nós crescemos, mudamos, e não seria realista pedir que todos fizessem isso ao mesmo tempo. Cada um de nós tem seu ritmo, que deve ser respeitado. É triste, mas é a vida. Um dia uma blusa é nossa favorita, mas crescemos e ela deixa de servir. Algum tempo depois vemos que só um tamanho maior não resolveria, pois nosso estilo mudou também. Agora queremos algo que caiba e que combine com nossa personalidade.

Nós temos o instinto de querer ser como os outros, porque queremos pertencer. Queremos ouvir outra pessoa dizer que sente e pensa exatamente da mesma forma que nós. Quando isso não acontece, dói. Justamente por isso somos tão apaixonados pela ideia de almas gêmeas – nada melhor do que saber que existe uma cópia nossa pronta para nos confortar. No entanto, isso se mostra não só difícil de acontecer, como também preocupante. Imagine uma sociedade de pessoas que pensam exatamente da mesma forma. Estaríamos empacados pelo resto da vida, porque a evolução se faz no atrito. É aqui que entra o clichê da lagarta ter que sofrer no casulo para fortalecer suas asas e sair voando como uma linda borboleta ou da pérola que só surge quando um grão de areia incomoda a ostra. O choque entre ideias nos leva a questionar o que achamos que sabemos, e assim ampliamos nosso pensamento. Ou seja, se nada nem ninguém nos fizesse pensar, nosso cérebro se atrofiaria e nossa mente viraria purê (não comprovado cientificamente).

A boa notícia é que existe o amor. O amor faz com que a compreensão exista em meio às diferenças. Mesmo que não entendamos em um nível racional, podemos aceitar e abraçar com o coração. O medo nos dá vontade de ser iguais. O amor nos abraça, nos acolhe e nos aceita como somos. Sempre vamos buscar conexão humana, mas podemos nos cercar das mais diferentes pessoas para isso. Porque não são só nossas semelhanças que nos unem, muitas vezes são nossas diferenças (um abraço especial para todos os estranhos da turma que se juntaram aos outros estranhos e, assim, se tornaram amigos). Com cada pessoa você pode se identificar de uma forma diferente. Alguns conseguem te entender melhor que outros, mas é possível dividir a vida com todos, cada um em um nível de profundidade e momento especial.

De tempos em tempos, conhecemos alguém que nos dá a sensação de que ganhamos na loteria. Outras vezes, esse sentimento cresce com o convívio. Quando nos damos conta, isso nos preenche por inteiro, porque, mesmo com todas as nossas particularidades, manias e estranhezas, ainda conseguimos achar pessoas compatíveis. De fato, é como ganhar na loteria, uma chance entre milhões. Pelo menos até mudarmos novamente e sairmos de sincronia, mas naquele momento é uma vitória que merece ser celebrada.

Existem pessoas como você não porque são cópias suas, e sim porque também são autênticas. Pode demorar um pouco para encontrá-las, mas não desista. Sugerimos aulas em grupo para aprender um novo hobby (teatro sempre tem as pessoas mais expansivas) ou buscar comunidades na internet de pessoas com interesses parecidos. Ambientes criativos possuem pessoas criativas. Se possível, faça uma mudança brusca de cenário – viagens sempre trazem pessoas diferentes. Saia da sua zona de conforto e aventure-se. São muitas pessoas no mundo, e o único jeito de ganhar na loteria é jogando. Assim como quando crianças, somos influenciados e moldados por quem está à nossa volta, então que bom é poder escolher essas pessoas.

Queremos nos rodear de gente que não tem medo de viver, que se empolga, que vence a preguiça, que faz festa com pouco, que é confiante em seu corpo, que tem a mente aberta, que se entrega ao acaso, que tem a risada fácil, que dança sempre que pode, que abraça com carinho, que se veste como bem entende, que ama inteiramente, que acredita em magia e que cria a própria vida. Porque é assim que queremos ser.

O canal Femingos surgiu nessa busca. Uma garota que queria encontrar outras pessoas como ela. Sempre foi sobre conexão. Um lugar na internet para unir os criativos. Onde todo mundo é bem-vindo e as diferenças são celebradas. Com o tempo, passamos a chamar essa comunidade de Nação Criativa.

Nação Criativa
Substantivo próprio

Grupo dos que fogem da normalidade; são curiosos, inquietos, criativos e buscam criar o próprio caminho. Comunidade criada por Femingos.

A vida é uma estrada

(POR FERNANDA LONGONI)

O que eu aprendi é que a vida é uma longa estrada que essencialmente percorremos sozinhos. E o que importa é a estrada. Eu não sei dizer muito sobre o destino final nem sobre como ele se parece. Alguns acreditam que existe algo lá e outros não. Na dúvida, eu percorro essa estrada da forma mais bonita que consigo. Eu vou admirando as paisagens e dançando ao som dos ritmos que escuto vindo das cidades. Carrego pouca bagagem para que nada me atrase ou me impeça de ir mais longe. Tão bom quanto fazer amigos no caminho, só as paradas em casa para descansar. Eu converso pra cá, provo um sabor diferente lá, mas é maravilhoso ter um lugar para repousar.

Às vezes tropeço e preciso de força para me levantar. Às vezes vou parar em uma estrada escura em que nunca tive intenção de pisar. Como eu cheguei aqui? Acho que me distraí no caminho. Dou meia-volta, refaço meus passos e entro no curso de novo. Vou atrás dos caminhos que parecem certos, que eu sinto serem os meus. Nem sempre é fácil descobrir quais são, mas sempre posso recalcular a rota. É tão bom dividir essas estradas com você. Fico feliz de ter gente por perto para podermos ir pulando, rindo e nos abraçando no trajeto. Até que nos separamos. Estávamos lado a lado, de mão dadas nessa rua de chão batido, mas cada um de nós escolheu um lado diferente da bifurcação. Faz parte! Sem esse trecho da estrada eu não teria chegado até aqui.

Ando mais um pouco quando ouço uma voz gritando meu nome do outro lado da cerca. É um velho amigo na rua paralela, alegre demais em me rever. Eu aceno de volta e pergunto sobre as novidades. Quando a gente está sozinho, um rosto conhecido é como estar em casa, consigo até repousar nesse sorriso. Sobe morro, desce morro, escorrega no tobogã e pega carona em um balão (é um caminho criativo, afinal). Vou uma vida inteira assim e sei que daqui eu parto sozinha, mas meu intuito é poder dizer: como foi boa essa viagem!

A viagem continua...

Criar nossa vida envolve despertar e tomar as próprias decisões. Envolve parar de tentar ser como os outros e começar a seguir nossos valores e nossa curiosidade. Envolve termos a coragem de expor quem somos de verdade e perceber que nosso poder está na autenticidade. Envolve criar artes, oportunidades e momentos que te tragam felicidade. É se permitir experimentar, errar e aprender no caminho. É sentir, ter empatia, respeitar nossos sentimentos e os dos outros. É sonhar, ter esperança e ousar imaginar um mundo melhor. É se apaixonar pela vida e aproveitar cada momento. É sair de uma vida cinza para uma mais colorida. É colocar para fora, em forma de criação, o que não cabe mais dentro de nós.

Um livro sobre criatividade sempre vai ser um trabalho metalinguístico, já que estamos escrevendo sobre criar enquanto criamos. Esse processo de escrita nos ensinou muito e nos permitiu articular pensamentos que não teriam acontecido de outra forma. Cada exemplo mencionado é extremamente pessoal, e tudo que aprendemos até agora se encontra nestas páginas.

Este livro é a prova de tudo que mencionamos. Ele não é perfeito, até porque isso não existe. É algo mais especial ainda: é o livro que gostaríamos de ter lido.

    Muito obrigada por você ter vivido essa jornada conosco. Encontrar você no caminho do despertar criativo, buscando o mesmo que nós, é mais do que especial. Esse é só o começo, e nós mal podemos esperar para ver o que você vai criar. Esperamos que este livro tenha sido útil ou que pelo menos tenha sido como um abraço. Se não foi, pode reciclar. Aproveite, recorte e faça uma colagem. Siga criando. Por causa de pessoas criativas como você, o movimento da criatividade continua. Desejamos te encontrar novamente em breve. E não esqueça: há coisas que só você pode criar!

Com carinho,
FERNANDA E AMANDA

*QUANDO VOCÊ
SE TORNAR CRIATIVO,
O MUNDO NÃO VAI
MUDAR. VOCÊ VAI.*

*E TALVEZ ASSIM
O MUNDO MUDE.*

Adoraríamos saber o que você
achou dessa jornada
e ver as criações que este livro inspirou!
Se decidir subir no palco e compartilhar
o que criou, marque *@emporiofemingos* e
@planetadelivrosbrasil.

Conheça mais do nosso universo criativo em
WWW.FEMINGOS.COM.BR

Livros que nos inspiram para adicionar à bagagem

A grande magia – Elizabeth Gilbert
A coragem de ser imperfeito – Brené Brown
Criatividade S.A. – Edwin Catmull
A história secreta da criatividade – Kevin Ashton
Libertando o poder criativo – Ken Robinson
O ano em que disse sim – Shonda Rhimes
Como o cérebro cria – David Eagleman e Anthony Brandt
O poder do agora – Eckhart Tolle
Atenção plena – Mark Williams e Danny Penman
Essencialismo – Greg McKeown
A arte da criatividade – Rod Judkins

CARTA DE AGRADECIMENTO

Somos gratas à força divina que nos deu a vida e nos permite dançar em meio ao caos. Agradecemos a toda nossa família, que é a fundação e o lar de tudo que criamos. Em especial a nosso pai, Peter, nossa mãe, Jô, e nosso irmão, Theo. Vocês são ótimas companhias e fonte inesgotável de amor.

Muito obrigada, queridos amigos, pelo apoio, esperamos ter deixado vocês orgulhosos. Obrigada a nossa editora, Clarissa, por ter nos encontrado e acreditado em nós com tanta empolgação. Agradecemos também à maravilhosa Rose. E, claro, a nossa gata Mia, que apareceu lá em casa feito mágica e desde então nos ajuda nos momentos de distração tão necessários.

Agradecemos a todos os criativos e os artistas que vieram antes de nós, que foram corajosos e se permitiram ser vulneráveis. Elas e eles nadaram contra a corrente e apostaram na própria criatividade, criaram as músicas que ouvimos, os livros que lemos, os filmes a que assistimos e todas as coisas lindas à nossa volta. A vida é melhor por causa deles.

Neste momento, Fernanda e Amanda param de digitar na mais perfeita sincronia, o céu lá fora está estrelado e fagulhas mágicas pairam no ar. As duas se olham lentamente e sussurram em uníssono uma para a outra:

Obrigada.

REFERÊNCIAS BIBLIOGRÁFICAS

ASHTON, Kevin. *A história secreta da criatividade*: descubra como nascem as ideias que podem mudar o mundo. Rio de Janeiro: Sextante, 2016.

BROWN, Brené. *A coragem de ser imperfeito*: como aceitar a própria vulnerabilidade, vencer a vergonha e ousar ser quem você é. Rio de Janeiro: Sextante, 2016.

CATMULL, Ed. *Criatividade S.A.*: superando as forças invisíveis que ficam no caminho da verdadeira inspiração. Rio de Janeiro: Rocco, 2014.

COMISSÃO MUNDIAL SOBRE O MEIO AMBIENTE E DESENVOLVIMENTO. *Nosso futuro comum*. 2. ed. Rio de Janeiro: Editora FGV, 1991.

CSIKSZENTMIHALYI, Mihaly. *Flow*: a psicologia do alto desempenho e da felicidade. Rio de Janeiro: Objetiva, 2020.

EAGLEMAN, David; BRANDT, Anthony. *O cérebro cria*: o poder da criatividade humana para mudar o mundo. Rio de Janeiro: Intrínseca, 2020.

FLOW: o que é, para que serve e técnicas. **Fundação Instituto de Administração**, 22 abr. 2020. Disponível em: https://fia.com.br/blog/flow/. Acesso em: 21 jun. 2021.

GARDNER, Howard. *Inteligência*: um conceito reformulado. Rio de Janeiro: Objetiva, 2000.

GILBERT, Elizabeth. *Grande magia*: vida criativa sem medo. Rio de Janeiro: Objetiva, 2015.

MARTINIQUE. 13 beautiful words with no English Translation. EF, 2020. Disponível em: https://www.ef.com/wwen/blog/language/13-words-with-no-english-translation/. Acesso em: 21 jun. 2020.

MCKEOWN, Greg. *Essencialismo*: a disciplinada busca por menos. Rio de Janeiro: Sextante, 2015.

MICHELE. The Interpid Guide, 2020. 203 Most Beautiful Untranslatable Words [The Ultimate List: A-Z]. Disponível em: https://www.theintrepidguide.com/untranslatable-words-ultimate-list/#.YEZsYC2tFWM. Acesso em: 21 jun. 2020.

PENMAN, Danny; WILLIAMS, Mark. *Atenção plena – Mindfulness*: como encontrar a paz num mundo frenético. Rio de Janeiro: Sextante, 2015.

RHIMES, Shonda. *O ano em que disse sim*: como dançar, ficar ao sol e ser a própria pessoa. Rio de Janeiro: Bestseller, 2016.

ROBINSON, Ken. *Libertando o poder criativo*: a chave para o crescimento pessoal e das organizações. Rio de Janeiro: Alta Books, 2018.

TEDx Talks. How to Figure Out What You Really Want | Ashley Stahl | TEDxLeidenUniversity. 5 jun. 2019. Disponível em: https://youtu.be/bRtBHF-WPpM. Acesso em: 21 jun. 2020.

_____. Learning How to Learn Barbara Oakley | TEDxOaklandUniversity, 5 ago. 2014. Disponível em:

https://www.youtube.com/watch?v=O96fE1E-rf8. Acesso em: 21 jun. 2020.

TREE FROG STUDIOS. Taika Waititi talks Creativity, 25 out. 2020. Disponível em: https://www.youtube.com/watch?v=sPB2ofTanh4. Acesso em: 21 jun. 2020.

VIEIRA, Paulo. *O poder da ação*: faça sua vida ideal sair do papel. São Paulo: Gente, 2015.

© PIETRA SCHWARZLER

SOBRE AS AUTORAS

FERNANDA e AMANDA são duas irmãs de Curitiba, Paraná, que resolveram sair da estrada tradicional para criarem o próprio caminho. Fernanda se descobriu artista e começou o canal Femingos no YouTube em 2016, criando vídeos sobre criatividade, arte e design. Hoje já são mais de 680 mil pessoas que se inspiram em seus vídeos. Enquanto isso, Amanda era dentista e percebeu que aquele não era o seu caminho, então decidiu buscar algo de que realmente gostasse. Nesse momento, elas se uniram para criar o Empório Femingos: uma loja on-line de materiais criativos que mostra que todos podem criar. Seja por meio de vídeos, produtos, curso e expedições, elas inspiram as pessoas a usarem a criatividade na própria vida. Conheça mais do universo criativo delas em *www.femingos.com.br*.

*P*ARA CONTINUAR
NO CAMINHO DA
CRIATIVIDADE, ACESSE:

WWW.YOUTUBE.COM/C/FEMINGOS

POÇO DE IDEIAS

Não deixe suas ideias irem embora! Anote insights, citações favoritas e o que mais te inspirou.

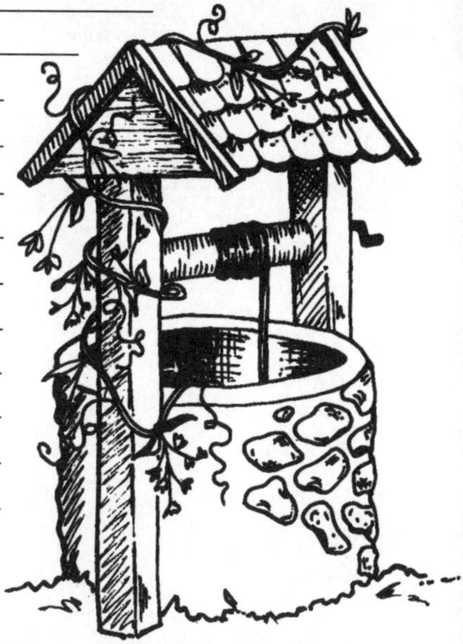

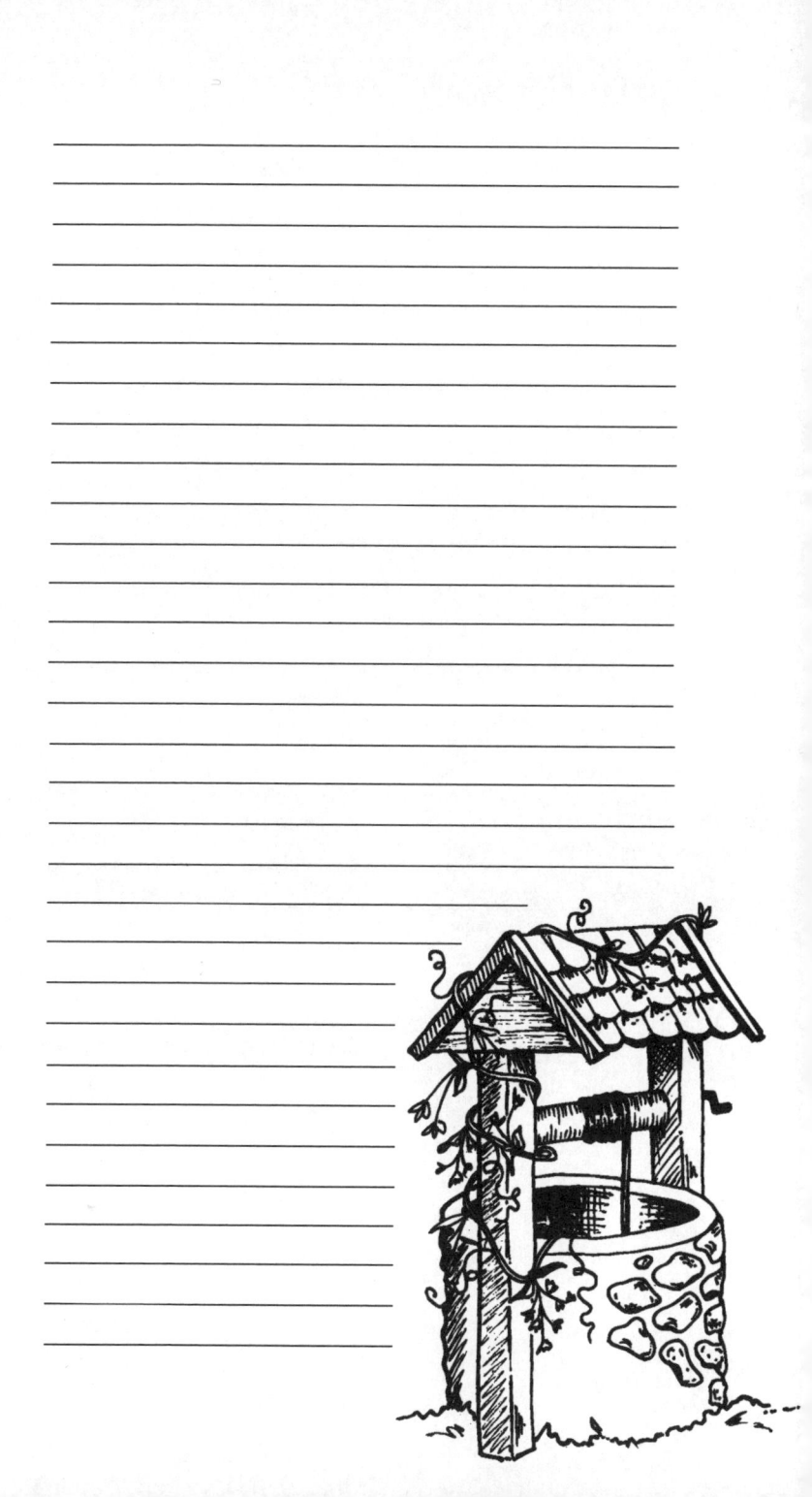

**Acreditamos
nos livros**

Este livro foi composto em Fairfield e impresso
pela Gráfica Santa Marta para a Editora
Planeta do Brasil em março de 2025.